# FILHOS ADULTOS DE PAIS EMOCIONALMENTE IMATUROS

# FILHOS ADULTOS DE PAIS EMOCIONALMENTE IMATUROS

COMO SE CURAR DE PAIS QUE REJEITAM
OU QUE SÃO DISTANTES E EGOÍSTAS

Tradução: Thaïs Costa

*nVersos*

Copyright © 2015 by Lindsay C. Gibson
Licença exclusiva para publicação em português brasileiro cedida à nVersos Editora. Todos os direitos reservados. Publicado originalmente na língua inglesa sob o título *Adult Children of Emotionally Immature Parents: How to Heal from Distant, Rejecting or Self-Involved Parents* e publicado pela New Harbinger Publications, Inc.

**Diretor Editorial e de Arte:** Julio César Batista
**Produção Editorial:** Carlos Renato
**Preparação:** Mariana Silvestre de Souza
**Revisão:** Cristiane Gomes, Maria Dolores D. S. Mata e Nathalia Florido Osorio
**Capa:** Hégon Henrique de Moura
**Editoração Eletrônica:** Juliana Siberi

**Dados Internacionais de Catalogação na Publicação (CIP)**
**(Câmara Brasileira do Livro, SP, Brasil)**

Bibson, Lindsay C.
*Filhos adultos de pais emocionalmente imaturos : como se curar de pais distantes, rejeitadores ou egoístas* / Lindsay C. Bibson; tradução Thaïs Costa. - São Paulo: nVersos, 2021.

Título original: Adult children of emotionally immature parents : how to heal from distant, rejecting, or self-involved parents
ISBN 978-65-87638-44-7

1. Famílias disfuncionais - Aspectos psicológicos 2. Filhos adultos de famílias disfuncionais - Saúde mental 3. Maturidade emocional I. Título.

21-65898     CDD-616.89156

**Índice para catálogo sistemático**
1. Psicoterapia familiar : Ciências médicas
616.89156
Cibele Maria Dias - Bibliotecária - CRB-8/9427

1ª Edição, 2021
2ª reimpressão, 2024
Esta obra contempla o Acordo Ortográfico da Língua Portuguesa
Impresso no Brasil – Printed in Brazil
nVersos Editora
Rua Cabo Eduardo Alegre, 36 – CEP 01257-060 – São Paulo – SP
Tel.: 11 3995-5617
www.nversos.com.br
nversos@nversos.com.br

Para Skip, com todo o meu amor.

# Sumário

Agradecimentos ............................................. 9

Introdução .................................................. 11

**Capítulo 1:** Como pais emocionalmente imaturos afetam a vida adulta de seus filhos ............. 17

**Capítulo 2:** Reconhecendo o pai ou mãe emocionalmente imaturo ........................ 35

**Capítulo 3:** Como é o relacionamento com um pai ou mãe emocionalmente imaturo .... 59

**Capítulo 4:** Quatro tipos de pais emocionalmente imaturos ........................ 77

**Capítulo 5:** Como filhos diferentes reagem a pais emocionalmente imaturos .............. 93

**Capítulo 6:** Como é ser internalizador ...................... 111

**Capítulo 7:** Desabando e despertando ..................... 131

**Capítulo 8:** Como evitar ser fisgado por um pai ou mãe emocionalmente imaturo ........ 149

**Capítulo 9:** Como é viver livre de papéis e fantasias .................................. 167

**Capítulo 10:** Como identificar pessoas emocionalmente maduras ..................... 185

Epílogo ..................................................... 205

Referências Bibliográficas ............................. 207

Anexos ..................................................... 211

# Agradecimentos

Escrever este livro foi a concretização de um sonho pessoal e profissional. As ideias aqui apresentadas originam-se em minha longa experiência como psicoterapeuta e estava ansiosa para compartilhá-las. O carinho e apoio que recebi para transformar este sonho em realidade foi surpreendente. Receber tamanho suporte foi até mais satisfatório do que escrever este livro.

Este livro nasceu no Havaí durante uma reunião fortuita com Tesilya Hanauer, que depois viria a ser minha editora na New Harbinger Publications. Seu entusiasmo com a ideia do livro me estimulou durante o longo processo de desenvolvimento, escrita e edição. Além de dar retornos apropriados prontamente, ela foi uma incansável defensora do livro, enquanto sua publicação não estava garantida. Sou profundamente grata por sua empolgação inabalável e sua fé em mim.

A equipe da New Harbinger deu muito mais apoio do que eu poderia imaginar. Agradeço a Jess Beebe por sua edição fenomenal do manuscrito e, especialmente, por ter me apontado a direção certa e propor as mudanças que tanto me empolgaram. Também externo meu profundo apreço por Michele Waters, Georgina Edwards, Karen Hathaway, Adia Colar, Katie Parr e a equipe de marketing da New Harbinger por seus esforços extraordinários para garantir que este livro chegue às pessoas que possam dele se beneficiar. Muitos agradecimentos também a Jasmine Star, minha excelente editora de texto, que aperfeiçoou incansavelmente o material bruto, dando clareza e fluidez em um estilo simples, valorizando cada frase.

Um agradecimento especial à minha agente literária, Susan Crawford, que me guiou pelas minúcias da publicação de um livro. Mesmo em viagem, ela tinha a gentileza de atender aos meus telefonemas e sanar minhas dúvidas. Eu não poderia desejar uma agente mais solícita. Agradeço também a Tom Bird, cujas oficinas de escrita foram inestimáveis para a construção desta obra.

Sou afortunada por ter uma família e amigos maravilhosos que me animaram e, em alguns casos, até se dispuseram a falar de suas experiências na infância para enriquecer o conteúdo do livro. Meus agradecimentos a Arlene Ingram, Mary Ann Kearley, Judy e Gil Snider, Barbara e Danny Forbes, Myra e Scott Davis, Scotty e Judi Carter, e à minha prima, a autora Robin Cutler. Um agradecimento especial também a Lynn Zoll, que me manteve ativa com seus e-mails e cartões pedindo que eu continuasse escrevendo e a Alexandra Kedrock, cuja sabedoria elucidou muitos pontos que tentei esclarecer no livro.

Esther Lerman Freeman foi uma amiga valorosa, que me ajudou numerosas vezes discutindo aspectos da obra, lendo e editando o material a meu pedido. Seu retorno foi inestimável e sua amizade é essencial para mim desde que começamos a fazer doutorado muitos anos atrás.

À minha maravilhosa irmã, Mary Babcock, meu amor e agradecimento mais profundo por todo o seu apoio e interesse. Ela é um pilar em minha vida, e seu otimismo com meus esforços criativos me mantém inspirada. Muitas pessoas não têm a mesma sorte que eu no sentido de contar com uma amiga tão fiel, uma mentora inigualável e uma parente leal como Mary.

Ao meu filho, Carter Gibson, que sempre me injeta entusiasmo e estímulo ao dizer: "vai fundo, mami!". Sou muito grata por contar com sua exuberância e bom-senso em minha vida, e por ele fazer qualquer coisa parecer possível.

E, por fim, meu amor e apreço mais profundos por Skip, meu incrível marido e parceiro. Sabendo que este livro era o sonho da minha vida, ajudou-me de todas as formas imagináveis para realizá-lo. Além do apoio e cuidado durante o processo de criação, acreditou em meu sonho e na minha carreira como escritora. Ser ouvida e amada por uma pessoa tão autêntica e carinhosa é uma das melhores experiências da minha vida. Graças à presença dele, meu verdadeiro eu é capaz de florescer.

# Introdução

Embora se acredite que os adultos sejam mais maduros do que seus filhos, algumas crianças sensíveis vêm ao mundo e em poucos anos estão mais maduras emocionalmente do que seus pais, que nasceram décadas atrás. O que acontece quando esses pais imaturos não têm a estrutura emocional necessária para atender às necessidades emocionais dos filhos? Eles cometem negligência emocional, um fenômeno tão real quanto qualquer privação física.

A negligência emocional na infância leva à dolorosa solidão emocional, que pode ter um impacto negativo duradouro sobre as escolhas de uma pessoa quanto a relacionamentos e parceiros íntimos. Este livro descreve como pais emocionalmente imaturos afetam negativamente seus filhos, em especial crianças emocionalmente sensíveis, e mostra como você pode se curar do sofrimento e confusão resultantes de um pai ou uma mãe que se recusa a ter intimidade emocional.

Pais emocionalmente imaturos temem as emoções genuínas e evitam ao máximo a proximidade emocional. Eles usam mecanismos para negar a realidade, em vez de lidar com ela. Como não fazem autorreflexão, raramente assumem a culpa e pedem desculpas. Sua imaturidade os torna inconsistentes e emocionalmente instáveis, deixando-os cegos às necessidades dos filhos quando percebem sua comodidade abalada. Este livro apresentará a ideia de que pais emocionalmente imaturos geralmente se importam mais com seus instintos de sobrevivência do que com as necessidades emocionais dos filhos.

Há séculos, mitos e contos de fadas descrevem pais desse tipo. Em muitos contos de fadas há crianças abandonadas que precisam contar com a ajuda de animais e outros seres fantásticos, pois seus pais são maus, negligentes ou ausentes. Em algumas histórias, o personagem parental é malévolo e as crianças precisam lutar por sua sobrevivência.

A popularidade dessas histórias atravessa os séculos, pois tocam em um ponto essencial: como crianças negligenciadas ou abandonadas pelos pais precisam se defender. Além disso, elas apontam que pais imaturos são um problema desde a antiguidade.

O tema da negligência emocional cometida por pais egoístas também está presente nas histórias mais comoventes da cultura popular. Em livros, filmes e na televisão, a história de pais emocionalmente imaturos e dos efeitos que causam nas vidas dos filhos garante a atenção do público. Algumas histórias têm essa dinâmica entre pais e filhos como foco principal; em outras, essa dinâmica serve como pano de fundo de um personagem. É provável que, na medida em que o aprendizado sobre imaturidade emocional ocorra por meio da leitura do livro, você recorde de personagens famosos da ficção e dos noticiários diários.

Entender as diferenças em termos de maturidade emocional permite que você compreenda por que se sente tão sozinho emocionalmente, mesmo que outras pessoas digam que o amam e sintam afinidade. Espero que a leitura deste livro desvende questões que o atormentam há muito tempo, incluindo por que suas interações com alguns membros da família são tão danosas e frustrantes. A boa nova é que, ao entender o conceito de imaturidade emocional, você poderá desenvolver expectativas mais realistas em relação às outras pessoas e aceitar o nível de relacionamento possível com elas, em vez de se magoar com sua indiferença.

Há muito tempo os psicoterapeutas sabem que parar de ter envolvimento emocional com os pais tóxicos é a solução para ter paz e autossuficiência. E o único jeito de fazer isso é entendendo com o que estamos lidando. Na literatura sobre pais egoístas inexiste uma explicação completa sobre sua capacidade limitada para amar. Este livro preenche essa lacuna, pois explica que esses pais, basicamente, não têm maturidade emocional. Ao entender suas características, você conseguirá avaliar que nível de relacionamento é possível ou impossível com seus pais e, a partir daí, poderá viver de acordo com sua natureza mais profunda, em vez de estar sempre focado nos pais que se recusam a mudar.

Entender a imaturidade emocional deles nos liberta da solidão emocional, pois percebemos que a negligência não tem relação conosco, e sim com eles.

Ao ver por que eles não podiam ser de outra forma, finalmente nos livramos da frustração e das dúvidas sobre nosso poder de inspirar amor.

Este livro permitirá a descoberta das razões pelas quais seu pai ou sua mãe não conseguiam lhe proporcionar os tipos de interação necessárias para o nutrir emocionalmente. E descobrirá os motivos pelos quais sentia-se tão ignorado por seu pai ou mãe e por que seus esforços bem-intencionados para se comunicar com eles nunca melhoravam a situação.

No Capítulo 1, abordaremos a solidão emocional sentida pelas pessoas que cresceram com pais emocionalmente imaturos. Entraremos em contato com histórias de pessoas cuja falta de conexões emocionais profundas com os pais afetaram decisivamente suas vidas adultas. Proporcionaremos uma imagem detalhada da solidão emocional e de como a autoconsciência pode ajudar a reverter a sensação de isolamento.

Os Capítulos 2 e 3 exploram as características dos pais emocionalmente imaturos e os tipos de problemas de relacionamento que eles causam. Muitos comportamentos incoerentes de seus pais começarão a fazer sentido quando puder vê-los à luz da imaturidade emocional. Há uma lista de verificação para ajudá-lo a identificar as áreas de imaturidade emocional dos seus pais. Assim, poderá perceber as possíveis razões que levaram o desenvolvimento emocional de seu pai ou de sua mãe a ser interrompido tão cedo.

O Capítulo 4 descreve os quatro tipos principais de pais emocionalmente imaturos e o ajudará a identificar que tipo de parentalidade teve. Apresentaremos os hábitos autossabotadores que as crianças podem desenvolver para tentar se adaptar a esses tipos de pais.

O Capítulo 5 abordará como as pessoas perdem contato com seus verdadeiros "eus", a fim de assumir um papel na família, e criam fantasias subconscientes sobre como outras pessoas deveriam agir, com o intuito de curá-las da negligência no passado. Serão apresentados dois tipos antagônicos de personalidades infantis que podem emergir em razão de pais e mães emocionalmente imaturos: as internalizadoras e as externalizadoras. (Isso também esclarece por que irmãos criados na mesma família podem ter estilos tão distintos de funcionamento.)

No Capítulo 6, descrevo detalhadamente a personalidade internalizadora, a qual tem mais probabilidade de se envolver com autorreflexão e evolução pessoal e, portanto, de se interessar por este livro. Os internalizadores são altamente perceptivos e sensíveis, e têm instintos fortes para se envolver e se conectar com outras pessoas. Você verá se tem esse tipo de personalidade, cujas principais características são retrair-se quando precisa de ajuda, fazer a maior parte do trabalho emocional em relacionamentos e pensar primeiro no que as outras pessoas querem.

O Capítulo 7 aborda o que acontece quando velhos padrões de relacionamento, finalmente, são rompidos e as pessoas começam a despertar para suas necessidades não supridas. Geralmente é nesse ponto em que as pessoas buscam ajuda na psicoterapia. Compartilharei histórias de pessoas que despertaram de seus padrões de autonegação e decidiram mudar. Nesse processo de admitir a verdade para si mesmas, elas recobraram a capacidade de confiar em seus instintos e de se conhecer verdadeiramente.

No Capítulo 8, apresentarei uma maneira de se relacionar com as pessoas que chamo de abordagem em relação à maturidade consciente. Ao usar o conceito de madureza emocional para avaliar o nível de funcionamento das pessoas, você começará a ver seu comportamento de maneira mais objetiva e a observar os sinais definidores de imaturidade assim que eles ocorram. Você aprenderá o que funciona ou não com pessoas emocionalmente imaturas e como se proteger do sofrimento emocional que elas causam. Tudo isso lhe trará mais paz e autoconfiança.

No Capítulo 9, você ficará a par de indivíduos que ganharam um novo senso de liberdade e plenitude após usar essa abordagem. As suas histórias o ajudarão a ver como é finalmente se libertar da culpa e confusão causadas pela imaturidade parental. Ao focar em seu autodesenvolvimento, você entrará no caminho para se libertar de relacionamentos emocionalmente imaturos.

O Capítulo 10 descreve como identificar pessoas que o tratarão bem e são emocionalmente seguras e confiáveis. Isso também o ajudará a mudar os comportamentos autossabotadores interpessoais, que são comuns em crianças adultas em virtude de pais emocionalmente imaturos. Com essa nova abordagem nos relacionamentos, a solidão emocional pode se tornar uma coisa do passado.

Estou empolgada para compartilhar os resultados que obtive ao longo de anos de leituras e pesquisas sobre esse assunto, assim como histórias fascinantes provenientes do meu trabalho com pacientes reais. Passei a maior parte da minha trajetória profissional me aperfeiçoando neste assunto e parece que os estereótipos sociais que colocam os pais fora dos limites da objetividade têm obscurecido uma verdade óbvia. Por isso, estou muito feliz em compartilhar as descobertas e conclusões que foram corroboradas por meio da minha experiência profissional.

Minha esperança é aliviar a confusão e o sofrimento emocional que pais emocionalmente imaturos causam. Se este livro o ajudar a entender sua solidão emocional, ou a criar conexões emocionais mais profundas e uma intimidade mais gratificante em sua vida, minha missão estará cumprida. Se ele o ajudar a se ver como uma pessoa valorosa que não está mais à mercê das manipulações alheias, terei feito meu trabalho. Eu sei que você já desconfiava de muitas coisas que está prestes a ler e estou aqui para lhe dizer que você tinha razão.

Desejo o melhor para você.

## Capítulo 1

# Como pais emocionalmente imaturos afetam a vida adulta de seus filhos

A solidão emocional deriva da falta de intimidade emocional com outras pessoas. Ela pode começar na infância, quando a criança se sente ignorada emocionalmente por pais autocentrados, ou pode surgir na vida adulta, quando a pessoa perde uma conexão emocional. Se esse sentimento perdurar durante a vida inteira, existe a probabilidade de que a pessoa não tenha tido apoio emocional o suficiente quando criança.

Crescer em uma família com pais emocionalmente imaturos é uma experiência solitária. Esses pais podem parecer e agir dentro da normalidade, cuidando da saúde física dos filhos e lhes assegurando alimentação e segurança. No entanto, se eles não estabelecerem uma conexão emocional sólida, a criança sentirá um vazio no lugar da segurança real. A solidão, por se sentir ignorado pelos outros, causa uma dor tão grande quanto um dano físico, porém, menos visível. A solidão emocional é uma sensação vaga, privada e difícil de ver ou descrever. Pode-se dizer que é uma sensação de vazio ou de estar sozinho no mundo. Algumas pessoas chamam isso de solidão existencial, mas não há nada de existencial nela, pois sua raiz está na família de origem da pessoa.

As crianças não têm como identificar a falta de intimidade emocional em seu relacionamento parental, pois ainda não apreenderam esse conceito e tampouco entendem que seus pais são emocionalmente imaturos. Elas só têm um sentimento visceral de vazio, que é a sua forma de sentir solidão. Caso tenha pais maduros, uma criança que sinta solidão os procura para receber afeto. Mas se seu pai ou sua mãe se esquiva de sentimentos profundos, provavelmente ela ficará embaraçada por precisar ser confortada.

Quando as crianças de pais emocionalmente imaturos crescem, o vazio interior permanece, mesmo que sua vida adulta pareça normal, caso escolham inadvertidamente relacionamentos que não propiciem conexão emocional suficiente. Elas podem até cursar uma faculdade, trabalhar, casar e ter filhos, mas continuam sentindo o fardo do isolamento emocional. Neste capítulo, veremos pessoas que sentiam solidão emocional, mas cuja autoconsciência as ajudou a entender o seu vazio e como preenchê-lo.

## Intimidade Emocional

A intimidade emocional envolve saber que pode contar com alguém para compartilhar o que sente, alguém que entenda todos os seus sentimentos a respeito de qualquer coisa. Sentir-se totalmente seguro para se abrir com a outra pessoa, seja em forma de palavras, troca de olhares ou apenas estando juntos em silêncio, em um estado de conexão. A intimidade emocional é profundamente gratificante, pois dá a certeza de ser notado como você realmente é, e só pode existir quando a outra pessoa busca conhecê-lo, não o julgar. Na infância, nossa segurança se baseia na conexão emocional com nossos cuidadores. Pais emocionalmente envolvidos fazem as crianças sentirem que sempre podem recorrer a eles. Esse tipo de segurança requer interações emocionais genuínas. Pais emocionalmente maduros se envolvem nesse nível de conexão emocional quase o tempo todo, pois têm autoconsciência suficiente para ficar à vontade com os próprios sentimentos e os de outras pessoas.

O mais importante é que eles são emocionalmente sintonizados com seus filhos, notando suas mudanças de humor e acolhendo seus sentimentos com interesse. A criança sente segurança ao se conectar com pais assim, seja para buscar consolo ou partilhar entusiasmo. Pais maduros fazem com que as crianças sintam que eles gostam de se envolver com elas e de conversar sobre problemas emocionais.

Esses pais têm uma vida emocional equilibrada e animada e, em geral, manifestam atenção e interesse consistentes pelos filhos. Eles são confiáveis emocionalmente.

## Solidão Emocional

Por sua vez, pais emocionalmente imaturos são tão focados em si mesmos que não notam as experiências internas dos filhos. Além disso, minimizam sentimentos e temem a intimidade emocional. Eles ficam incomodados com as próprias necessidades emocionais e, portanto, não têm ideia de como oferecer apoio nesse sentido. Pais desse tipo ficam até nervosos e bravos se seus filhos ficam transtornados e, em vez de acalmá-los, os castigam. Essas reações bloqueiam o impulso instintivo das crianças para recorrer aos pais, fechando a porta para o contato emocional.

Se um de seus pais ou ambos não eram suficientemente maduros para lhe dar apoio emocional na infância, os efeitos da falta desse apoio eram percebidos, mas o que havia de errado provavelmente não era compreendido. É provável que sentir-se vazio e sozinho o fizesse sentir-se diferente das outras pessoas. Como era criança, você não tinha como saber que tais sentimentos são uma resposta normal e universal à falta de companheirismo humano adequado. "Solidão emocional" é um termo que sugere sua própria cura: outra pessoa ter um interesse compassivo por aquilo que você está sentindo. Esse tipo de solidão não é estranho nem sem sentido, e sim o resultado previsível de crescer sem empatia suficiente dos outros.

Para ilustrar essa descrição de solidão emocional, vejamos os casos de duas pessoas que se lembram vividamente desse sentimento na infância e o descrevem bem.

## A História de David

Veja o que meu paciente David respondeu quando comentei que crescer em sua família parecia envolver muita solidão: "Foi inacreditavelmente solitário, e era como se eu estivesse totalmente isolado. Mas era um fato da minha existência, então parecia normal. Na minha família, éramos todos distantes e emocionalmente isolados. Tínhamos vidas paralelas, sem nenhum ponto de contato. No ensino médio, eu costumava me imaginar flutuando no oceano sem ninguém ao meu redor. Era essa a sensação em casa".

Quando perguntei mais sobre a sensação de solidão, ele disse: "era uma sensação de vazio e nulidade. Eu não tinha como saber que a maioria das pessoas não se sentia assim, pois sentir isso fazia parte da minha vida cotidiana".

## A História de Rhonda

Rhonda se lembrou de uma solidão semelhante quando tinha 7 anos. Ela estava junto a um caminhão de mudança parado diante da casa da família com seus pais e três irmãos mais velhos. Embora estivesse fisicamente com sua família, todos a ignoravam e ela se sentiu totalmente sozinha: "Ninguém me explicou o que essa mudança significaria, então, estava tentando entender o que acontecia. Eu estava com minha família, mas a impressão era de isolamento. Lembro que fiquei exausta de pensar como lidaria com isso sozinha. Sentia que não devia fazer perguntas, pois eles estavam totalmente indisponíveis para mim. Eu estava ansiosa demais para compartilhar algo com eles, mas sabia que tinha de lidar com isso sozinha".

### A mensagem na solidão emocional

Na verdade, esse tipo de sofrimento emocional e solidão é uma mensagem saudável. A ansiedade sentida por David e Rhonda escancarou sua necessidade tremenda de contato emocional, mas como os pais não notaram isso, só lhes restava internalizar seus sentimentos. Felizmente, assim que começa a ouvir suas emoções em vez de calá-las, a pessoa é guiada para formar conexões autênticas com os outros. Saber a causa da solidão emocional é o primeiro passo para encontrar relacionamentos mais gratificantes.

### Como as crianças lidam com a solidão emocional

A solidão emocional é tão angustiante que uma criança fará o que for necessário para formar algum tipo de conexão com o pai ou a mãe. Essas crianças podem aprender a priorizar as necessidades das outras pessoas como o preço a pagar por um relacionamento. Em vez de esperar que os outros lhes deem apoio ou demonstrem interesse, elas podem assumir um caráter prestativo e passarem a impressão de que têm poucas necessidades emocionais. Lamentavelmente, isso tende a gerar ainda mais solidão, pois encobrir suas necessidades mais profundas impede a conexão genuína com os outros.

Sem o devido apoio ou conexão parental, muitas crianças com carência emocional anseiam deixar a infância para trás, pois percebem que a melhor solução é crescer rapidamente e se tornar autossuficientes.

Essas crianças se desenvolvem prematuramente, mas em seu âmago continuam solitárias. Elas saltam logo para a vida adulta, arranjando trabalho o mais rápido possível, tornando-se sexualmente ativas, casando-se cedo ou entrando para as Forças Armadas. É como se elas dissessem, "como já me cuido sozinha, posso muito bem ir em frente e ter as vantagens de crescer rápido". Elas anseiam pela vida adulta, acreditando que lhe trará liberdade e a chance de pertencimento. Infelizmente, em sua pressa para sair de casa, podem acabar se casando com a pessoa errada, tolerando a exploração ou ficando em um emprego medíocre. Frequentemente, contentam-se com a solidão emocional em seus relacionamentos, pois isso lhes parece normal em razão do que passaram na infância.

## O passado se repete

Se a falta de conexão emocional com pais emocionalmente imaturos é tão dolorosa, por que tantas pessoas acabam tendo relacionamentos igualmente frustrantes na vida adulta? As partes mais primitivas do cérebro humano nos dizem que a segurança reside na familiaridade (Bowlby, 1979). Nós gravitamos em torno de situações repetitivas porque já sabemos lidar com elas. Na infância, não reconhecemos as limitações de nossos pais, pois é assustador ver que eles são imaturos e repletos de defeitos. Lamentavelmente, ao negar a dolorosa verdade sobre nossos pais, não conseguimos reconhecer pessoas igualmente nocivas em futuros relacionamentos. A negação nos faz repetir a mesma situação numerosas vezes, pois, nunca percebemos que elas estão se configurando novamente. A história de Sophie ilustra bem essa dinâmica.

## A História de Sophie

Sophie namorava Jerry há cinco anos. Ela tinha um emprego ótimo como enfermeira e se considerava afortunada por ter um relacionamento longo. Aos 32 anos, ela queria se casar, mas Jerry não tinha pressa, pois achava que estava tudo bem desse jeito. Ele era um cara divertido, mas evitava a intimidade emocional e, geralmente, se fechava quando Sophie abordava assuntos emocionais. Sophie estava se sentindo profundamente frustrada e buscou terapia para descobrir o que fazer. Seu dilema era difícil: ela amava Jerry, mas queria formar uma família e também se sentia culpada e preocupada de estar exigindo demais dele.

Certo dia, Jerry sugeriu que eles fossem ao mesmo restaurante de seu primeiro encontro. O jeito dele ao fazer esse convite fez Sophie achar que, finalmente, ele a pediria em casamento e ficou tão empolgada que mal conseguia esperar a hora do jantar.

Conforme ela esperava, após o jantar Jerry tirou uma caixinha de joia do bolso do paletó. Enquanto ele a estendia sobre a toalha, Sophie mal podia respirar. Mas quando abriu a caixinha, não havia um anel, só um cartão com um ponto de interrogação. Ela não entendeu.

Jerry sorriu para ela e disse: "Agora você pode dizer aos seus amigos que eu finalmente fiz 'a pergunta'".

"Você está me pedindo em casamento?", indagou ela. "Não, é só uma piada. Você entendeu?"

Sophie ficou chocada, furiosa e profundamente magoada. E quando telefonou para contar o que havia acontecido, sua mãe tomou o partido de Jerry dizendo que a piada era engraçada e que ela não devia se incomodar com esse tipo de coisa em um relacionamento. Isso foi humilhante e aviltante demais.

Mas, como Sophie reconheceu depois, sua mãe e Jerry tinham a mesma insensibilidade em relação aos sentimentos alheios. Toda vez que tentava dizer a eles como se sentia, Sophie acabava se sentindo anulada.

Na terapia, Sophie começou a ver os paralelos entre a falta de empatia materna e a insensibilidade emocional de Jerry. Ela percebeu que sua relação com Jerry lhe causava a mesma solidão emocional que sentia quando era criança. Além disso, entendeu que sua frustração com a indisponibilidade emocional dele não era algo novo, e sim um fato que ela conhecia desde a infância. Ao longo de sua vida ela sempre sentira essa falta de conexão.

## Sentindo-se culpado por ser infeliz

Tenho um lugar especial em meu coração para pessoas como Sophie, que funcionam tão bem que parecem não ter problemas. De fato, sua competência dificulta que elas mesmas levem seu sofrimento a sério. "Eu tenho tudo e deveria ser feliz", elas costumam pensar. "Então, por que sinto-me infeliz?"

Essa é a confusão clássica de uma pessoa cujas necessidades físicas foram atendidas na infância, ao passo que as necessidades emocionais continuaram ignoradas.

Pessoas como Sophie frequentemente sentem culpa por se queixar. Tanto homens quanto mulheres irão enumerar as coisas pelas quais têm de ser gratos, como se sua vida fosse um problema a mais cuja soma positiva aponta que nada pode estar errado. Mas eles não conseguem se livrar do sentimento de estarem fundamentalmente sozinhos e sem o nível de intimidade emocional tão ansiado em seus relacionamentos mais próximos.

Quando vêm ao meu consultório, algumas dessas pessoas estão preparadas para deixar seus parceiros ou estão envolvidas em um caso que preenche alguma lacuna. Outras, simplesmente evitam relacionamentos românticos, achando que o compromisso emocional é uma armadilha da qual querem manter uma certa distância. Algumas pessoas decidem manter seu relacionamento pelo bem dos filhos e vêm para a terapia a fim de aprender a ser menos iradas e ressentidas.

Poucas pessoas entram em meu consultório sabendo que sua falta de intimidade emocional satisfatória começou na infância. Geralmente, elas mistificam como acabaram tendo uma vida que não lhes traz felicidade. Elas se sentem egoístas por desejarem algo a mais da vida. Conforme Sophie disse inicialmente: "relacionamentos sempre têm frustrações e dão trabalho, certo?".

Em parte, ela tinha razão. Bons relacionamentos de fato requerem algum esforço e tolerância, mas ser notado não deveria dar trabalho. Fazer uma conexão emocional deveria ser a parte fácil.

## A solidão emocional transcende os gêneros

Embora as mulheres ainda recorram mais à psicoterapia, atendo muitos homens que também se sentiram solitários na infância. De certa forma, isso é até mais tocante, pois nossa cultura afirma que os homens têm menos necessidades emocionais. Mas basta ver as taxas de suicídio e violência para constatar que isso não é verdade.

Homens são mais propensos a ficar violentos ou a se suicidar quando se sentem angustiados. Homens que sentem falta de intimidade emocional, pertencimento e atenção podem se sentir tão vazios quanto qualquer pessoa, embora resistam a demonstrar isso. Conexão emocional é uma necessidade humana básica, seja qual for o gênero.

Crianças que não conseguem envolver seus pais emocionalmente, muitas vezes, tentam fortalecer essa conexão desempenhando papéis que supõem serem do agrado dos pais. Embora possa render alguma aprovação fugidia, isso não produz uma verdadeira proximidade emocional. Pais emocionalmente desconectados não desenvolvem repentinamente a capacidade de ter empatia só porque uma criança faz algo que os agrada.

Homens e mulheres que sentiam falta de envolvimento emocional na infância, frequentemente, não conseguem acreditar que alguém queira ter um relacionamento com eles só por serem como são. Eles acreditam que, para ter proximidade, têm de desempenhar um papel que sempre põe a outra pessoa em primeiro lugar.

### A História de Jake

Jake casou-se recentemente com Kayla, uma moça alegre que o faz se sentir genuinamente amado. Ele estava feliz quando se casou, mas ultimamente andava deprimido. E me disse: "Eu deveria estar feliz, pois sou o cara mais sortudo no mundo e estou me empenhando para ser como ela quer. Mas sinto como se estivesse fingindo ser mais animado do que realmente sou, e detesto isso".

Eu perguntei como ele achava que devia ser com Kayla.

"Eu deveria ser uma pessoa superfeliz como ela. Preciso fazer ela se sentir amada e mantê-la feliz. Acho que é assim que eu deveria ser." Ele me olhou esperando confirmação, mas eu continuei calada, então, continuou: "Quando ela chega em casa após o trabalho, eu tento muito parecer feliz e empolgado, mas isso me deixa exausto".

Eu perguntei o que ele achava que aconteceria se fosse sincero com Kayla a respeito dessa tensão. Ele respondeu: "Ela ficaria devastada e furiosa se eu tentasse falar sobre isso".

Disse a Jake que partilhar seus sentimentos sinceros talvez tenha enraivecido alguém em seu passado, mas que achava que Kayla não reagiria dessa maneira e que o que ele me disse tinha mais a ver com sua mãe raivosa, que explodia rapidamente se as pessoas não fizessem o que ela queria.

Seu relacionamento seguro com Kayla era tentador para ele relaxar e ser autêntico, mas ele tinha certeza de que abalaria a relação se parasse de se esforçar tanto.

Quando disse que talvez esse novo relacionamento seguro estivesse lhe dando a chance de finalmente ser amado como de fato é, ele ficou incomodado por eu mencionar suas necessidades emocionais e replicou: "seu comentário me faz parecer coitadinho e carente".

Durante a infância, Jake aprendeu com sua mãe que expressar quaisquer necessidades emocionais demonstrava fraqueza. E se ele não agisse como ela queria, sentia-se inadequado e indigno de amor.

Por fim, Jake conseguiu entender seus sentimentos e ser mais autêntico com Kayla, que o aceitou totalmente. Mas ficou estarrecido com o sentimento de raiva que nutria por sua mãe, que trouxemos à tona. "Eu não sabia o quanto a odiava", disse ele. O que Jake não percebeu é que o ódio é uma reação normal e involuntária quando alguém tenta controlá-lo sem uma razão plausível. Isso sinaliza que a pessoa está extinguindo a força de sua vida emocional e suprindo as próprias necessidades às suas custas.

## Cuidar dos pais pode ser uma armadilha

Não é apenas em relacionamentos românticos que as pessoas podem sentir uma solidão emocional profunda. Eu atendo pessoas solteiras que também têm relacionamentos adultos infelizes, porém, com os pais ou os amigos. Tipicamente, seus relacionamentos com os pais são tão extenuantes que não sobra energia emocional para querer ou ir atrás de relacionamentos românticos. Suas experiências com os pais lhes ensinaram que relacionamentos significam se sentir abandonado e, ao mesmo tempo, sobrecarregado. Para essas pessoas, relacionamentos são armadilhas. Elas já estão ocupadas demais com um pai ou mãe que age como se fosse seu dono ou dona.

### A História de Louise

Louise, uma professora solteira perto dos 30 anos, se sentia totalmente dominada por sua mãe controladora, uma ex-policial grosseira que esperava que a filha morasse junto e cuidasse dela. Suas demandas eram tão excessivas que Louise começou a pensar em se suicidar, mas sua terapeuta disse claramente que sua vida dependia de se livrar do controle materno.

Quando Louise disse que estava partindo, sua mãe disse: "isso não vai acontecer, pois você vai se sentir péssima. Além disso, eu não consigo viver sem você".

Felizmente, Louise teve forças para conquistar uma vida independente. No processo, ela descobriu que a culpa é uma emoção administrável e um preço irrisório por sua liberdade.

## Não confiar nos próprios instintos

Pais emocionalmente imaturos não sabem validar os sentimentos e instintos dos filhos. Sem essa validação, as crianças aprendem a ceder ao que os outros parecem ter certeza. Já adultas, elas podem negar seus instintos a ponto de se conformar com relacionamentos que na verdade não querem, e assim, acreditar que cabe a elas fazer o relacionamento funcionar. Elas podem racionalizar por que se empenham tanto no relacionamento, como se fosse normal lutar diariamente para se dar bem com o parceiro. Embora seja preciso esforço para manter a comunicação e a conexão em um relacionamento, isso não deveria parecer um trabalho constante e frustrante.

A verdade é que se ambos os parceiros combinam, entendem os sentimentos um do outro e são positivos e solidários, os relacionamentos são basicamente prazerosos, não árduos. Não é pedir demais sentir-se geralmente feliz quando você vê seu parceiro ou anseia que vocês tenham tempo para ficar juntos. Quando as pessoas dizem: "não se pode ter tudo", isso indica que elas não têm o que precisam.

Como ser humano, é necessário confiar em si mesmo para saber quando está pleno emocionalmente. Afinal, ninguém é um poço sem fundo de demandas inviáveis. É possível confiar nas mensagens internas que lhe dizem quando algo está faltando.

Mas se você foi condicionado para minimizar seus sentimentos, pode sentir-se culpado por reclamar quando tudo parece estar bem. Se você tem um lugar para morar, um salário regular, comida suficiente e um parceiro ou amigos, a sabedoria convencional diz: "afinal de contas, o que há de errado?".

Muitas pessoas enumeram prontamente todos os motivos pelos quais deveriam estar satisfeitas e relutam para admitir que não estão. Elas se culpam por não ter os sentimentos "certos".

## A História de Meaghan

Meaghan rompeu duas vezes com seu namorado antes de engravidar no primeiro ano da faculdade. Embora o namorado quisesse se casar, ela não sentia segurança no relacionamento. No entanto, seus pais adoravam o rapaz, que era de uma família rica, e a pressionaram a se casar com ele, especialmente por haver um bebê a caminho. Meaghan cedeu. Seu marido se tornou um corretor de imóveis bem-sucedido, o que aumentou seu prestígio com os sogros. Muitos anos depois, com os três filhos já na faculdade, ela estava farta com o casamento, mas se sentia confusa e culpada por querer se separar do marido.

Em nossa primeira sessão, Meaghan disse: "eu não sei me expressar". Tanto o marido quanto seus pais não entendiam sua insatisfação com a vida que levava, e ela não conseguia achar as palavras certas para se justificar. Cada explicação que dava era rebatida com vários argumentos mostrando que ela estava errada. Eles minimizavam as razões dela porque suas queixas eram emocionais, incluindo não ser ouvida, ter seus sentimentos e pedidos desconsiderados e não se divertir com o marido. Ela tentava explicar para eles que era incompatível com o marido socialmente, sexualmente e em suas atividades.

Como o verdadeiro problema de Meaghan era não saber se expressar, sua família não queria ouvi-la. O marido e os pais não tentavam entender e só queriam convencê-la de que estava errada.

Meaghan se sentia constrangida e culpada, pois suas necessidades emocionais estavam sobrepujando seus juramentos e deveres. Mas, como apontei para ela, juramentos e promessas não são o combustível para relacionamentos darem certo.

Um relacionamento é mantido pelo prazer da intimidade emocional, a certeza de que alguém está interessado em investir tempo para realmente ouvir e entender o que se passa com o outro. Sem isso, um relacionamento não floresce. A capacidade de resposta emocional mútua é o ingrediente mais essencial dos relacionamentos humanos.

Meaghan temia ser uma pessoa má por querer se separar do marido. Quando as pessoas não toleram mais um relacionamento emocionalmente frustrante, como deveríamos caracterizar seu desejo de partir? Elas estão sendo egoístas, impulsivas ou cruéis? Estão desistindo prematuramente ou, talvez, sendo simplesmente imorais? Se elas aguentaram por tanto tempo, por que não podem aguentar um pouco mais? Para que criar problemas?

A questão pode ser justamente que elas aguentaram por tanto tempo. Talvez, elas tenham, literalmente, esgotado toda a energia que tinham para dar, a exemplo de Meaghan, que passou anos tentando dar ao marido e a seus pais o que eles esperavam. Meaghan tentou constantemente explicar seus sentimentos e dizer o quanto estava infeliz. Ela tentou até sensibilizar o marido por meio de cartas. Mas nem ele e nem seus pais a ouviram, apenas reagiram dizendo o que queriam que ela fizesse – a clássica reação autocentrada de pessoas emocionalmente imaturas.

Felizmente, Meaghan começou a levar os próprios sentimentos a sério e parou de deixar que o marido e os pais negassem suas necessidades emocionais com argumentos irrelevantes. Quando, finalmente, percebeu o que realmente queria em um relacionamento, ela me disse timidamente: "eu quero que alguém se importe muito comigo. Eu quero alguém que queira estar comigo". Então, ela pareceu confusa e disse: "isso é pedir demais? Eu realmente não sei". Desde a infância, Meaghan fora condicionada a achar que seu desejo natural de se sentir especial e amada era egoísta.

Ao longo de seu casamento, o marido reforçava isso dizendo que ela queria demais e tinha expectativas exageradas – até que ela parou de acreditar que ele sabia mais a seu respeito do que ela mesma.

## Falta de autoconfiança em razão da rejeição parental

Quando os pais rejeitam ou negligenciam emocionalmente os filhos, essas crianças frequentemente crescem e esperam o mesmo das outras pessoas, pois não acreditam que alguém possa se interessar por elas. Em vez de pedir o que querem, sua baixa autoconfiança as torna retraídas para buscar atenção. Elas estão convencidas de que incomodariam os outros se tentassem expressar suas necessidades. Lamentavelmente, ao achar que a rejeição passada sempre se repetirá, essas crianças acabam se reprimindo e tendo mais solidão emocional.

Nessa situação, as pessoas criam a própria solidão emocional se retraindo, em vez de interagir. Como terapeuta, devo ajudá-las a perceber como seus pais minaram sua autoconfiança e também encorajá-las a tolerar a ansiedade por tentar algo novo, a fim de se conectar mais com os outros. Conforme mostram as duas histórias a seguir, as pessoas são capazes de fazer isso; elas não se aproximam simplesmente porque não têm muita experiência no sentido de outras pessoas as ajudarem a se sentir melhor.

### A História de Ben

Ben tinha ansiedade e depressão há muito tempo. Ele contou que sua mãe o rejeitava e sempre o mantinha a um braço de distância. Ela era imperiosa e deixara claro que ele ocupava uma posição inferior na hierarquia da família. Quando Ben era criança, suas necessidades e sentimentos eram simplesmente ignorados, e ele tinha que esperar que os adultos se dispusessem a lhe dar um pouco de atenção.

Felizmente, Ben se casou com Alexa, uma mulher boa e afetuosa, mas não entendia por que ela o escolhera. Conforme ele disse: "não sou uma pessoa muito interessante e não sei por que Alexa gosta de mim. Não sou exatamente um zé-ninguém, mas...". A entonação vocal de Ben indicava que ele se via como alguém que poderia ser facilmente menosprezado ou subestimado. A rejeição materna em sua infância claramente dizimou sua autoconfiança e o convenceu de que os outros também achariam suas necessidades emocionais repugnantes.

Certo dia em uma sessão, Ben falou sobre o quanto estava se sentindo infeliz e esgotado. Quando perguntei se havia contado isso a Alexa, ele disse: "não, eu não posso. Ela já tem que lidar com os próprios problemas e eu não quero que ela me ache fraco e covarde". Quando disse que achava improvável Alexa pensar isso, ele concordou: "Sei que ela me ama como eu sou, mas não me sinto em paz comigo mesmo".

Quando sugeri que tentasse se abrir com Alexa, já que ela era tão solidária, ele me disse que achava que tinha de ser mais autoconfiante: "Eu deveria ser capaz de resolver isso sozinho. Afinal, não cabe a mim suprir minhas necessidades emocionais?"

Que pensamento equivocado... Então, eu disse a Ben que todos nós precisamos de outras pessoas para suprir nossas necessidades de consolo e proximidade.

É para isso que servem os relacionamentos.

## A História de Charlotte

Charlotte é outro exemplo dessa tendência, pois enxerga as situações atuais pelas lentes da rejeição parental no passado. Por insistência de uma amiga, ela inscreveu um conto em um concurso literário. Mas, embora fosse uma jornalista bem-sucedida, tinha certeza de que a banca julgadora rejeitaria seu trabalho. Para sua surpresa, ela ganhou o concurso.

Para Charlotte, isso desencadeou lembranças dolorosas de todas as vezes na infância em que tentou se destacar e foi criticada e reprimida pelos pais. Eles eram incapazes de lhe dar apoio emocional e sempre achavam razões para desmerecer suas realizações. Agora, embora estivesse vibrando com seu prêmio, também estava apavorada de que alguém zombasse dela ou dissesse que não fora merecedora. Em vez de partilhar sua felicidade com todos, ela se retraiu achando que ninguém teria interesse nisso.

## Solidão na infância, mas êxito na vida adulta

A rejeição parental nem sempre resulta em baixa autoconfiança. Algumas pessoas inteligentes e resilientes conseguem ter confiança para seguir boas carreiras e alcançar altos níveis de realização. Muitas acham parceiros emocionalmente maduros, têm relacionamentos duradouros e satisfatórios e formam famílias unidas. Mas, apesar de suas necessidades emocionais serem atendidas nos relacionamentos atuais, o trauma prolongado da solidão na infância pode assombrá-las e gerar ansiedade, depressão ou sonhos ruins.

### A História de Natalie

Natalie tem 50 anos e é uma consultora de negócios bem-sucedida. Embora tenha sido uma criança emocionalmente negligenciada, construiu uma vida adulta gratificante em termos pessoais e profissionais.

Lamentavelmente a negligência emocional sofrida em sua infância ainda a assombra em forma de sonhos, que ela descreveu da seguinte maneira: "Eu tenho pesadelos constantes com o mesmo tema. Estou em uma situação desesperadora e não consigo escapar. Fico tentando freneticamente achar uma solução, uma saída. Há várias estradas, diferentes chaves e diversas portas, mas nenhuma delas é uma solução. Só eu fico tentando resolver o problema, pois não há mais ninguém. Frequentemente, sou responsável por outras pessoas que ficam olhando e esperando que eu resolva tudo, mas aqui ninguém me ajuda. Não há como achar algum conforto. Estou insegura e sem proteção, então, acordo com o coração acelerado".

O sonho de Natalie capta como é se sentir emocionalmente sozinha. Ela tem de lidar com tudo sozinha e nem cogita pedir ajuda. É assim que se sentem as crianças cujos pais são emocionalmente imaturos. Seus pais podem estar tecnicamente presentes, mas oferecem pouca ajuda, proteção e consolo.

Na vida em família, Natalie ainda cuida de sua mãe idosa, que mora com ela, seu marido e filhos. Mas não importa o quanto Natalie se desdobre, a mãe ainda se queixa de que a filha jamais a amou ou a ajudou o suficiente. Desde a infância, Natalie se sente responsável pelo estado emocional da mãe.

Naquela época, Natalie estava abandonada à própria sorte, pois não podia recorrer à mãe. Crianças como Natalie frequentemente se transformam em pequenos adultos que ajudam seus pais, não criam problemas para eles e parecem não precisar de nada. Tais crianças parecem ser capazes de se cuidar sozinhas, mas não são. Nenhuma criança é. Elas apenas aprendem a se agarrar a quaisquer migalhas emocionais que consigam pois qualquer conexão é melhor do que absolutamente nenhuma.

Mas quem adivinharia que Natalie tem essas inseguranças quando ela entra nas reuniões de negócios com seus tailleurs impecáveis? Ela tem um bom casamento, filhos bem-sucedidos e amigos próximos. Ela sabe se relacionar com pessoas de todas as classes sociais e sua inteligência emocional é notável. Os sonhos de Natalie abrem a cortina para revelar a solidão emocional que continua sentindo.

Apesar de sua vida adulta recompensadora, internamente ela continuava tendo ansiedades em relação a estar sozinha e sem apoio. Somente perto dos 50 anos começou a entender que o relacionamento com sua mãe é que gerava os sentimentos subjacentes de ansiedade. Essa foi uma das descobertas mais importantes de sua vida. Por fim, ela entendeu o motivo dos pesadelos

## Por que é tão ruim viver sem conexão emocional

Há um motivo para as pessoas terem essa forte necessidade de conexão emocional com os outros. Ao longo da evolução humana, ser parte de um grupo sempre significou mais segurança e menos estresse. Nossos antepassados que mais repudiavam a separação tinham mais probabilidade de sobreviver, pois se sentiam seguros perto dos outros. Por outro lado, os humanos primitivos que não se importavam com o isolamento e em se manter distantes tinham menos chance de sobreviver.

Portanto, quando desejar uma conexão emocional profunda, lembre-se de que seu sentimento doloroso de solidão não provém apenas de sua história, mas também da memória genética humana. Assim como você, nossos antepassados distantes tinham uma necessidade urgente de proximidade emocional. Sua necessidade de atenção e conexão é tão antiga quanto a raça humana. Existem razões ancestrais para não gostar de ficar sozinho.

## Resumo

A falta de intimidade emocional gera solidão em crianças e adultos. Relacionamentos emocionais atenciosos e confiáveis são a base para o senso de segurança de uma criança. Lamentavelmente, pais emocionalmente imaturos geralmente se incomodam demais com a proximidade, então, negam aos filhos a conexão emocional profunda de que eles necessitam. A negligência e rejeição parentais na infância podem afetar negativamente a autoconfiança e os relacionamentos na vida adulta, pois as pessoas repetem os velhos padrões e depois se culpam por não alcançarem a felicidade. Nem o êxito na vida adulta elimina totalmente os efeitos da desconexão parental na infância.

Entender como a imaturidade emocional de seu pai ou de sua mãe o afetou é a melhor maneira de evitar repetir o passado em seus relacionamentos adultos. Com essa finalidade, no próximo capítulo examinaremos as características mais marcantes de pais emocionalmente imaturos.

# Capítulo 2

# Reconhecendo o pai ou mãe emocionalmente imaturo

Pode ser difícil analisar seus pais objetivamente, porque isso pode dar a impressão de traição. Mas fique tranquilo, este livro não visa desrespeitar nem trair seus pais, e sim analisá-los objetivamente. Espero que entenda que aqui as discussões sobre pais emocionalmente imaturos buscam um entendimento profundo das razões para suas limitações. Conforme verá, grande parte do comportamento imaturo e danoso deles não é intencional. Ao enxergar mais claramente esse e outros aspectos de seus pais, você passa a entender coisas sobre si mesmo e sua história, assuntos sobre os quais não havia pensado antes.

A maioria dos sinais de imaturidade emocional está além do controle consciente de uma pessoa, e a maioria dos pais emocionalmente imaturos não tem noção do quanto afeta seus filhos. Nós não estamos tentando culpar esses pais, e sim entender por que eles agem desta maneira. Tenho esperança de que quaisquer novas percepções sobre seus pais que você ganhe lendo este livro aumentem radicalmente sua autoconsciência e liberdade emocional.

Como adultos, temos capacidade e independência para avaliar se nossos pais realmente podem nos dar o cuidado e a compreensão que desejamos. Para julgar isso objetivamente, é importante entender não só as características comportamentais superficiais de seus pais, mas também sua estrutura emocional subjacente. Ao entender esses traços mais profundos, aprender o que esperar deles e como rotular seus comportamentos, é bem menos provável que suas limitações causem choque.

Tenha em mente que seus pensamentos sobre seus pais são privados. Provavelmente, eles nunca saberão o que este livro o ensinou e é melhor que seja assim. A meta aqui é você trabalhar a sua autoconfiança, que provém de saber a verdade sobre sua própria história. Não é uma traição enxergar seus pais mais acuradamente. Pensar objetivamente sobre eles não irá magoá-los e pode ajudá-lo.

Conforme você viu no capítulo anterior, pais emocionalmente imaturos podem ter impactos devastadores sobre a autoestima e os relacionamentos de seus filhos na vida adulta. Os efeitos variam de brandos a graves, dependendo do nível de imaturidade dos pais, mas o resultado é o mesmo: as crianças se sentem ignoradas emocionalmente e sozinhas, o que mina sua crença de poder inspirar amor e gera cautela excessiva em relação à intimidade emocional com os outros.

## Exercício: Avaliando a imaturidade emocional do seu pai ou mãe

A imaturidade emocional humana é estudada há muito tempo. No entanto, passou a perder terreno para um foco crescente nos sintomas e na diagnose clínica, que usa um modelo médico para enquadrar comportamentos como doenças que oferecem direito a reembolso do seguro. Mas, em termos de um entendimento profundo sobre as pessoas, avaliar a imaturidade emocional frequentemente é bem mais útil, conforme você descobrirá quando ler este capítulo e fizer esse exercício.

Leia atentamente as afirmações a seguir e veja se alguma descreve seu pai ou sua mãe. Se quiser aplicar essa avaliação para ambos os pais, ou quem foi o seu responsável, leia outra versão deste exercício nos anexos do livro.

- Meu pai ou minha mãe frequentemente reagia com exagero a coisas banais.
- Meu pai ou minha mãe não expressava muita empatia ou consciência emocional.
- Quando se tratava de proximidade emocional e sentimentos, meu pai ou minha mãe parecia incomodado e escapava.

- Meu pai ou minha mãe se irritava frequentemente com diferenças individuais ou pontos de vista divergentes dos seus.
- Enquanto eu crescia, meu pai ou minha mãe me usava como confidente, mas não era um confidente para mim.
- Meu pai ou minha mãe frequentemente dizia e fazia coisas sem pensar nos sentimentos alheios.
- Meu pai ou minha mãe não me dava muita atenção nem simpatia, exceto quando eu estava muito doente.
- Meu pai ou minha mãe era inconstante – às vezes sábio, às vezes irracional.
- Se eu perdia a calma, meu pai ou minha mãe dizia algo superficial e inútil ou ficava bravo e sarcástico.
- As conversas giravam principalmente em torno dos interesses do meu pai ou da minha mãe.
- Até uma discórdia educada podia deixar meu pai ou minha mãe muito defensivo.
- Era humilhante contar meus êxitos ao meu pai ou minha mãe, pois eles pareciam não se importar.
- Fatos e lógica eram ausentes nas opiniões do meu pai ou da minha mãe.
- Meu pai ou minha mãe não era autorreflexivo e raramente admitia sua culpa em um problema.
- Meu pai ou minha mãe tendia a pensar de forma dualista e rechaçava novas ideias.

Quantas dessas afirmações descrevem seu pai ou sua mãe? Como todos esses itens são potenciais sinais de imaturidade emocional, assinalar mais de um sugere fortemente que você teve um pai ou mãe emocionalmente imaturo.

------

# Padrão de personalidade versus regressão emocional temporária

Há uma diferença entre um padrão de imaturidade emocional e uma regressão emocional temporária. Qualquer pessoa pode perder brevemente o controle emocional ou ficar impulsiva quando está cansada ou estressada. E a maioria das pessoas tem muitos arrependimentos ao relembrar certos momentos em suas vidas.

No entanto, quando a personalidade de alguém tem um padrão de imaturidade emocional, certos comportamentos automáticos e inconscientes ocorrem constantemente sem que a própria pessoa perceba. Pessoas emocionalmente imaturas não recuam nem admitem que seu comportamento impacta os outros, então, raramente pedem desculpas ou se arrependem.

## Definindo Maturidade

Antes de explorar a imaturidade emocional, vamos dar uma olhada no funcionamento emocionalmente maduro. Maturidade emocional não é uma obscura questão de opinião, pois é objeto de estudos seríssimos.

"Maturidade emocional" significa que uma pessoa consegue pensar objetiva e conceitualmente, e mantém conexões emocionais profundas com os outros. Pessoas emocionalmente maduras podem agir de forma independente, ao mesmo tempo que estabelecem profundas ligações emocionais, incorporando ambas as coisas em sua vida cotidiana. Elas buscam abertamente o que querem, mas sem explorar os outros, e se diferenciaram de suas relações familiares originais a ponto de construir a própria vida (Bowen, 1978). Elas têm um senso bem desenvolvido do eu (Kohut, 1985) e de identidade (Erikson, 1963) e valorizam seus relacionamentos mais próximos.

Pessoas emocionalmente maduras são sinceras, estão à vontade com os próprios sentimentos e se dão bem com outras pessoas, graças à sua empatia, controle sobre os impulsos e inteligência emocional bem desenvolvida (Goleman, 1995). Elas se interessam pela vida interior das outras pessoas e gostam de se abrir e partilhar com os outros de maneira íntima. Quando há um problema, elas lidam diretamente com os outros para aplainar as diferenças (Bowen, 1978).

Pessoas emocionalmente maduras lidam com o estresse de maneira direta e realista, enquanto processam conscientemente seus pensamentos e sentimentos. Elas conseguem controlar suas emoções quando necessário, antecipar o futuro, adaptar-se à realidade e usar a empatia e o humor para apaziguar situações difíceis e fortalecer os elos com os outros (Vaillant, 2000). Elas gostam de ser objetivas e se conhecem bem o suficiente para admitir suas fraquezas (Siebert, 1996).

# Traços de personalidade associados à imaturidade emocional

Por sua vez, pessoas emocionalmente imaturas tendem a ter um conjunto muito diferente de características comportamentais, emocionais e mentais. Como todas essas características de personalidade são interconectadas, as pessoas que exibem uma frequentemente têm as outras. Nas partes a seguir, descreverei brevemente vários traços de pessoas emocionalmente imaturas.

## Elas são rígidas e obstinadas

Desde que haja um caminho claro a seguir, as pessoas emocionalmente imaturas podem desempenhar muito bem, às vezes, alcançando níveis altos de sucesso e prestígio. Mas quando se trata de relacionamentos ou decisões emocionais, sua imaturidade se torna evidente. Elas são rígidas ou impulsivas e tentam lidar com a realidade estreitando-a até se tornar algo administrável. Após formar uma opinião, suas mentes se fecham na certeza de que há somente uma resposta correta. Então, ficam muito defensivas e irritadas quando as pessoas se opõem ao seu raciocínio.

## Elas têm baixa tolerância ao estresse

Pessoas emocionalmente imaturas não lidam bem com o estresse. Suas respostas são reativas e estereotipadas. Em vez de avaliar a situação e antecipar o futuro, elas usam mecanismos de enfrentamento que negam, distorcem ou substituem a realidade (Vaillant, 2000). Como têm dificuldade para admitir os próprios erros, minimizam os fatos e culpam os outros. Regular emoções também é difícil para elas, que frequentemente reagem exageradamente. Quando se transtornam, têm dificuldade para se acalmar e esperam que os outros lhes deem alívio fazendo o que elas desejam. Frequentemente, buscam consolo em drogas e medicamentos.

## Elas fazem o quê dá vontade

As crianças pequenas são regidas pelos sentimentos, ao passo que os adultos consideram as possíveis consequências. À medida que amadurecemos, aprendemos que o que dá vontade de fazer nem sempre é a coisa ideal. Em pessoas emocionalmente imaturas, porém, o instinto infantil o instinto infantil de ceder à própria vontade nunca muda totalmente (Bowen, 1978). Elas tomam decisões baseadas no que parece melhor no momento e seguem frequentemente o caminho mais fácil.

Se for maduro e pensar antes de agir, você não imagina como é viver conforme os impulsos do momento. Vejamos agora um exemplo de comportamento inacreditável de uma pessoa emocionalmente imatura.

Anna convenceu seu irmão, Tom, a acompanhá-la para uma conversa com o pai idoso sobre sua mudança para uma clínica de repouso. Após irem conhecer o local com o pai, chegou a hora de todos conversarem seriamente, porém, Tom sumiu. Anna vasculhou a casa e viu pela janela da frente que o irmão estava entrando em seu carro e partindo. Anna ficou atônita, sem entender por que Tom fugiu desse jeito. Mas isso faz sentido se você perceber que, naquele momento, ele achou muito melhor ir embora sem avisar do que ficar para um confronto difícil.

## Elas são subjetivas, não objetivas

Pessoas emocionalmente imaturas avaliam situações de maneira subjetiva, sem fazer uma análise imparcial. Quando elas interpretam situações, o que estão sentindo é mais importante do que aquilo que realmente está acontecendo. O que é verdade não importa tanto quanto aquilo que parece ser verdade (Bowen, 1978). Tentar fazer uma pessoa guiada subjetivamente ser objetiva a respeito de alguma coisa é um exercício inútil. Fatos, lógica, história – tudo cai nos ouvidos moucos dos emocionalmente imaturos.

## Elas têm pouco respeito pelas diferenças

Pessoas emocionalmente imaturas ficam irritadas com pensamentos e opiniões divergentes, pois acham que todos deveriam ver as coisas como elas. A ideia de que outras pessoas têm direito a ter um ponto de vista diferente é inconcebível. Elas podem cometer gafes sociais, pois não têm consciência suficiente sobre a individualidade alheia e acabam sendo ofensivas.

Elas só ficam à vontade em relacionamentos com papéis definidos, nos quais todos têm as mesmas crenças. Aquelas mais quietas e simpáticas são iguais, mas de maneira mais palatável.

## Elas são egocêntricas

Crianças pequenas normalmente são egocêntricas, mas o egoísmo de adultos emocionalmente imaturos é mais tolo do que o infantil. Diferente das crianças, seu egocentrismo não tem alegria e abertura. Pessoas emocionalmente imaturas são obsessivamente absorvidas em si mesmas, sem a inocência de uma criança. Crianças pequenas são egocêntricas porque ainda são comandadas por puro instinto, mas adultos emocionalmente imaturos são comandados pela ansiedade e insegurança, como pessoas feridas que precisam continuar verificando o que ficou intacto. Eles vivem em um estado perpétuo de insegurança, temendo ser desmascarados como maus, inadequados ou indignos de amor.

Eles mantêm suas defesas elevadas para que outras pessoas não se aproximem o suficiente e ameacem sua autovalorização vacilante.

Antes de começar a ter pena deles, tenha em mente que as defesas dessas pessoas atuam incontestavelmente para manter essas ansiedades ocultas. Elas nunca se veem como inseguras ou defensivas.

## Elas são absorvidas em si mesmas e egoístas

O egocentrismo ansioso é uma característica comum em todas as pessoas que são emocionalmente imaturas, pois estão constantemente monitorando se suas necessidades estão sendo atendidas ou se algo as ofendeu. Sua autoestima aumenta ou diminui dependendo de como os outros reagem a elas. Elas não suportam ser criticadas, então, minimizam os próprios erros. Como seu egoísmo é tão absorvente, os sentimentos alheios são eclipsados por suas necessidades. Por exemplo, uma mulher disse à sua mãe o quanto ficava magoada com as críticas que ela fazia a seu pai. A mãe então disse, "bem, se eu não puder dizer essas coisas para você, não me resta ninguém com quem conversar".

Termos como "prepotente" e "narcisista" dão a impressão de que essas pessoas gostam de pensar o tempo todo em si mesmas, mas realmente não há outra opção. Elas têm dúvidas fundamentais sobre o seu valor como seres humanos. E são profundamente egoístas porque seu desenvolvimento foi interrompido pela ansiedade durante a infância. Portanto, seu egocentrismo se assemelha mais à preocupação com uma dor crônica do que com uma insatisfação perene consigo mesmas.

## Elas são autorreferentes, não autorreflexivas

Pessoas emocionalmente imaturas são altamente autorreferentes, o que significa que em qualquer interação todos os caminhos levam de volta a elas. No entanto, essas pessoas não são autorreflexivas. O foco em si mesmas não tem a ver com aprofundar as percepções ou o autoconhecimento, mas em ser o centro das atenções.

Em uma conversa, as pessoas autorreferentes conduzem tudo o que você diz de volta a uma de suas experiências. Um exemplo é a mãe que ouve a filha descrever uma crise no relacionamento e usa isso como pretexto para falar sobre o próprio divórcio.

Outro exemplo são pais que desdenham a vitória de um filho relembrando as próprias realizações.

Aquelas que são mais habilidosas socialmente podem ouvir com mais polidez, mas ninguém desperta seu interesse para valer. Elas podem não mudar de assunto abertamente, mas não fazem perguntas nem expressam curiosidade sobre os detalhes de sua experiência. É mais provável que elas encerrem a conversa com um comentário agradável como "isso é mesmo maravilhoso, querida. Imagino que você se divertiu muito".

Em razão da falta de autorreflexão, as pessoas emocionalmente imaturas não consideram seu papel em um problema. Elas não avaliam seu comportamento nem questionam seus motivos. Se causaram um problema, elas dizem apenas que não tinham intenção de magoá-lo. Afinal de contas, você não pode culpá-las por algo que não fizeram de propósito, certo? Dessa maneira, seu foco egocêntrico se estende à sua intenção, sem pesar o impacto sobre você.

## Elas gostam de ser o centro das atenções

Assim como as crianças, pessoas emocionalmente imaturas geralmente acabam sendo o centro das atenções. Em grupos, é comum a pessoa emocionalmente mais imatura sugar o tempo e a energia de todos. Se as outras pessoas permitirem, toda a atenção do grupo irá para aquela pessoa e fica difícil redirecionar o foco. Se alguém mais quiser ser ouvido, será preciso fazer uma transição abrupta – algo que muitas pessoas não estão dispostas a fazer.

Pode-se questionar se essas pessoas estão sendo extrovertidas.

Elas não estão. A diferença é que a maioria dos extrovertidos segue facilmente uma mudança de assunto. Como precisam de interação, não só de um público, os extrovertidos se interessam e são receptivos quando outros participam. Os extrovertidos gostam de falar, mas não com a finalidade de calar os outros.

## Eles promovem a inversão de papéis

Inverter os papéis é uma marca dos pais emocionalmente imaturos. Nesse caso, o pai ou mãe se relaciona com a criança como se ela fosse o adulto cuidador, esperando receber uma carga forte de atenção e consolo. Esses pais que invertem os papéis esperam que a criança seja sua confidente, até em assuntos adultos. Pais que discutem seus problemas conjugais com os filhos são um exemplo desse tipo de inversão. Outras vezes, os pais esperam que os filhos os elogiem e fiquem felizes por eles, assim como uma criança espera que ocorra com os pais.

Laura, com quem trabalhei, se lembrava de que seu pai estava tendo um caso com outra mulher. Ele transferia a Laura, então com 8 anos, a responsabilidade de lidar sozinha com sua mãe gravemente deprimida. Certo dia, o pai foi buscar Laura com um novo automóvel conversível. Todo empolgado com seu novo 'brinquedo', ele esperava que ela também ficasse entusiasmada, sem sequer considerar o contraste entre sua nova vida alegre e o desalento da menina e de sua ex-mulher abandonada.

A seguir outro exemplo de um pai que esperava que a filha assumisse um papel de aprovação quase parental, apesar de ter sido abusador.

## A História de Frieda

Frieda tem quase 40 anos e cresceu em uma família dominada pelo medo. Seu pai, Martin, tendia a expressar sua imaturidade emocional por meio da agressão física. Embora fosse um cidadão exemplar no trabalho e na vida pública, em casa ele esbofeteava as crianças e as surrava com um cinto a ponto de deixar vergões. Quando Frieda tornou-se adolescente e, por fim, o enfrentou, ele parou de bater nela, mas não em sua irmã mais nova.

Ele também agredia verbalmente a mãe de Frieda.

Martin era um homem imprevisível, às vezes impaciente e irado, outras vezes generoso, feliz e amoroso, dependendo de como era o seu dia. Mas, em geral, em vez de ser um pai para as crianças, Martin esperava que elas acalmassem seus sentimentos, o tratassem como o centro das atenções e tivessem autocontrole.

Em um caso clássico de inversão de papéis, ele exigia sua aprovação incondicional, mas se permitia ter mudanças de humor como uma criança. Frieda era o alvo principal dessa inversão de papéis, pois, Martin esperava claramente que ela demonstrasse um amor e admiração quase maternos por ele.

Após Frieda mudar-se para uma casa na cidade, por exemplo, Martin decidiu que ela precisava de um sofá de balanço na varanda e fez um de madeira pesada com as próprias mãos.

Sem avisar, ele mandou entregar o sofá que mal cabia na pequena varanda da filha. Ele era enorme e impossível de ser movimentado, o que fez Frieda considerá-lo como a analogia perfeita de como Martin ocupava todo o espaço na família.

Ele estava orgulhoso como uma criança que acaba de presentear a mãe com um desenho colorido. Felizmente, após entender a imaturidade de seu pai e a dinâmica envolvida em sua inversão de papéis, Frieda se sentiu livre para se desvencilhar do sofá e deixar a varanda do jeito que gostava.

## Elas têm pouca empatia e são insensíveis emocionalmente

A falta de empatia, assim como a imposição de barreiras para o compartilhamento e a intimidade emocional, são características centrais de pessoas emocionalmente imaturas. Sem contato com seus sentimentos mais profundos, elas ficam espantosamente cegas para os sentimentos que geram em outras pessoas.

A empatia não é apenas uma delicadeza social, como ser sutil. Ela é uma necessidade de verdadeira intimidade emocional. É impossível ter um relacionamento profundo sem ela. Minha definição favorita de empatia é a dos pesquisadores do apego infantil Klaus e Karin Grossman e Anna Schwan, que descreveram a empatia como a capacidade da mãe sensível de "ver e sentir estados e intenções pelo ponto de vista do bebê" (1986, p. 127). Essa definição inclui estar ciente das emoções e intenções. Além da mera simpatia, isso implica detectar corretamente os interesses das pessoas e como sua vontade está sendo dirigida.

A forma mais elevada de empatia requer um esforço de imaginação denominado mentalização (Fonagy e Target, 2008), que significa a capacidade de imaginar que as outras pessoas têm mentes e processos de raciocínio singulares. Os psicólogos de desenvolvimento se referem a isso como ter a teoria da mente. Adquirir essa capacidade é um importante marco do desenvolvimento para as crianças. Mentalizar permite apreender os pontos de vista e as experiências internas das outras pessoas, pois você percebe que elas têm mentes diferentes da sua. Bons pais são craques em ter empatia e mentalização; seu interesse pelas mentes dos filhos faz com que eles se sintam notados e compreendidos. Essa também é uma característica indispensável para a liderança nos negócios, nas Forças Armadas e em qualquer situação na qual seja fundamental entender e prever os motivos alheios. A empatia é um componente indissociável da inteligência emocional (Goleman, 1995), a qual é essencial para o êxito social e profissional.

Nos seus diálogos com o Dalai-lama, o psicólogo Paul Ekman apontou diversos tipos de empatia e compaixão. A verdadeira empatia envolve mais do que saber o que as pessoas sentem, pois também implica a capacidade de se sintonizar com esses sentimentos (Dalai Lama e Ekman, 2008). Os sociopatas, por exemplo, são peritos em detectar as vulnerabilidades emocionais alheias, mas incapazes de se identificar com os sentimentos das outras pessoas. Para eles, detectar esses sentimentos é uma ferramenta para a exploração predatória, não para conexão.

Isso lança luz sobre um fato curioso sobre pessoas emocionalmente imaturas. Embora não sintonizem-se empaticamente, elas podem ser muito sagazes quando se trata de detectar as intenções e sentimentos das outras pessoas. No entanto, não usam isso para fomentar a intimidade emocional, pois sua empatia funciona em um nível instintivo ou superficial. Você pode se sentir avaliado por alguém assim, mas não devidamente compreendido. A falta de empatia sintonizada sugere uma falta de autodesenvolvimento.

Para imaginar acuradamente o que seus filhos estão sentindo, os pais precisam ter autodesenvolvimento suficiente para estar cientes das próprias emoções. Se não desenvolveram a autoconsciência emocional, eles não conseguem entender como os outros, inclusive os próprios filhos, podem se sentir internamente.

## Por que há tantos pais emocionalmente imaturos

Muitos pacientes meus partilham histórias que refletem a imaturidade emocional de seus pais. Para mim, isso suscita a questão sobre o que pode ter causado tamanho subdesenvolvimento emocional em tantos pais. Com base em minhas observações e experiência clínica, acredito que os pais de muitos desses pacientes foram emocionalmente reprimidos na infância.

À medida que meus pacientes e eu exploramos as histórias de suas famílias, é comum eles relembrarem que seus pais tiveram infâncias marcadas por muita infelicidade e tensão. Abuso de substâncias psicoativas, abandono, perda, violência ou experiências traumáticas de imigração pairam na história pregressa da família, sugerindo uma atmosfera de sofrimento e desconexão. Muitas pessoas me dizem que, embora se sentissem negligenciadas ou abusadas, nada se comparava às histórias que seus pais contavam sobre seu sofrimento na infância. Frequentemente, a mãe e a avó materna do paciente tinham um relacionamento conflituoso e insatisfatório, embora essa avó tenha dado um grande apoio para ele. Parece que os pais de muitos pacientes meus nunca tiveram uma conexão emocionalmente íntima ou solidária com os próprios pais, então, desenvolveram defesas fortes para sobreviver à sua solidão emocional na infância.

Também é importante lembrar que a parentalidade à moda antiga – à qual os pais dos meus pacientes foram submetidos – girava em torno de enxergar as crianças, mas não escutá-las. Castigos físicos eram aceitáveis e até empregados nas escolas para incutir responsabilidade nas crianças.

Para muitos pais, o lema convencional era "criança mimada, criança estragada". Eles não se preocupavam com os sentimentos infantis e achavam que a parentalidade se resumia a ensinar às crianças a se comportarem.

Foi somente em 1946 que o doutor Benjamin Spock, na versão original de sua obra clássica Meu Filho, Meu Tesouro, difundiu amplamente a ideia de que era preciso levar em conta os sentimentos e a individualidade das crianças, assim como o cuidado físico e a disciplina. Nas gerações anteriores a essa mudança, a parentalidade tendia a focar na obediência como o padrão de ouro do desenvolvimento infantil, em vez de apoiar a segurança emocional e individualidade das crianças.

As histórias a seguir mostram os efeitos dessa parentalidade à moda antiga sobre meus pacientes.

## A História de Ellie

Ellie, a primogênita em uma família grande, lembrava-se de sua mãe, Trudy, como "uma pessoa generosa, mas dura como uma pedra". Ativa na igreja e na comunidade, Trudy era conhecida por ser bondosa e prestativa. No entanto, era impenetrável em relação aos sentimentos das crianças. Ellie tinha pesadelos frequentes e dependia de um bichinho de brinquedo para se acalmar. Certa noite, quando Ellie tinha 11 anos, a mãe repentinamente pegou seu brinquedo de estimação e disse: "vou dar fim nisso, pois você já passou da idade de se apegar a ele". Quando Ellie implorou para a mãe não fazer isso, Trudy respondeu que ela estava sendo ridícula. Embora cuidasse bem de Ellie fisicamente, Trudy não tinha a menor consideração pelo apego emocional da filha por um brinquedo precioso.

Desde pequena, Ellie também era profundamente apegada a um gato. Certo dia, quando Ellie chegou da escola, Trudy anunciou que tinha se livrado do gato, pois ele havia feito uma bagunça em casa. Ellie ficou devastada, mas conforme Trudy lhe disse anos depois: "nós não dávamos a menor bola para os sentimentos de vocês; nós apenas mantínhamos um teto sobre suas cabeças".

## A História de Sarah

Sarah, cuja mãe era emocionalmente inibida e arredia, teve uma criação muito rígida. Ela se lembra de que a mãe sempre parecia se esconder emocionalmente, como se estivesse atrás de um muro. Mas Sarah acalenta a lembrança de uma manhã em que a mãe ficou silenciosamente ao lado de sua cama, observando-a com carinho. Sarah já estava quase acordada, mas não se mexeu para usufruir esse momento de secreta proximidade com a mãe. Assim que acordou, o muro reapareceu e sua mãe voltou a manter a distância de sempre.

## Os efeitos mais profundos de ser fechado emocionalmente

Naturalmente, os pais emocionalmente imaturos também foram crianças que talvez tenham sufocado muitos sentimentos profundos a fim de de serem aceitos pelos próprios pais. É provável que as mães de Ellie e Sarah também tenham crescido sofrendo com a insensibilidade parental aos seus sentimentos. Muitas pessoas emocionalmente imaturas foram "excessivamente podadas" na infância e cresceram com uma gama muito limitada de aceitabilidade. Suas personalidades são como bonsais podados para crescer com formatos artificiais. Como tiveram que se dobrar para caber em suas famílias, essas pessoas não puderam se desenvolver fluidamente até se tornar as pessoas bem integradas que poderiam ser.

Possivelmente, muitas pessoas com imaturidade emocional foram impedidas de explorar e expressar seus sentimentos e pensamentos a contento, para desenvolver um senso forte do eu e uma identidade madura. Isso dificultou que se autoconhecessem e limitou sua capacidade para ter intimidade emocional com os outros. Sem autopercepção, aprender a envolver-se emocionalmente com os outros em um nível profundo torna-se difícil. Esse autodesenvolvimento interrompido gera as fraquezas mais profundas de personalidade que são comuns em pessoas emocionalmente imaturas, conforme abordado neste capítulo.

### Elas são muito inconsistentes e contraditórias

Em vez de ter um senso bem integrado de quem são, as pessoas emocionalmente imaturas são como um amálgama de várias partes emprestadas, muitas das quais não se encaixam. Como tiveram de sufocar partes importantes de si mesmas por medo das reações dos pais, suas personalidades se formaram em porções isoladas, como peças de um quebra-cabeça que não se encaixam. Isso explica suas reações inconsistentes que dificultam tanto entendê-las.

Provavelmente, sem permissão para expressar e integrar suas experiências emocionais na infância, essas pessoas se tornaram adultas emocionalmente inconsistentes. Suas personalidades são mal estruturadas e, frequentemente, expressam emoções e comportamentos contraditórios. Essas pessoas entram e saem de estados emocionais, jamais notando sua inconsistência. Quando se tornam pais, esses traços geram perplexidade emocional em seus filhos. Uma mulher descreveu o comportamento caótico de sua mãe como "oscilante e sem o menor sentido".

Essa inconsistência significa que, como pais, pessoas emocionalmente imaturas podem ser amorosas ou desligadas, dependendo de seu estado de humor. Seus filhos têm momentos fugidios de conexão com eles, mas não sabem quando ou em que condições o pai ou a mãe voltará a estar disponível. Os psicólogos comportamentais chamam isso de situação de recompensa intermitente, o que significa que obter uma recompensa por seus esforços é possível, mas totalmente imprevisível. Isso cria uma determinação tenaz de continuar tentando obter a recompensa, pois, de vez em quando, esses esforços compensam.

Dessa maneira, a inconsistência parental pode ser o que liga mais estreitamente as crianças ao pai ou à mãe, pois elas mantêm a esperança de obter aquela resposta positiva tão rara e impalpável.

Crescer com um pai ou mãe inconsistente pode minar o senso de segurança de uma criança, mantendo-a à margem. Como as reações parentais servem de bússola emocional para a autovalorização infantil, tais crianças também podem achar que são culpadas pelas recorrentes mudanças de humor dos pais.

## A História de Elizabeth

Como sua mãe era emocionalmente imprevisível, Elizabeth ficava muito insegura. Ela sempre ficava ansiosa quando se aproximava da mãe. Será que a mãe a rejeitaria ou ficaria interessada e envolvida? Elizabeth me disse: "eu tinha de detectar constantemente suas flutuações de humor. Se ela parecia negativa, eu me mantinha à distância. Mas se ela estivesse de bom humor, podia falar com ela. Ela tinha o poder de me fazer feliz e eu tentava ao máximo ganhar a sua aprovação". Quando era criança, Elizabeth frequentemente questionava-se se era a causa da antipatia da mãe. Sentindo-se responsável, Elizabeth chegou à seguinte conclusão: Eu devo ser imperfeita.

Elizabeth não era uma criança imperfeita, mas só podia justificar as mudanças de humor da mãe achando que eram causadas por algo que ela havia feito – ou pior, por algo que ela era.

## Elas desenvolvem defesas fortes que tomam o lugar do "eu"

Em vez de aprender sobre si mesmas e desenvolver um "eu" forte e coeso na primeira infância, as pessoas emocionalmente imaturas aprenderam que certos sentimentos eram ruins e proibidos. Inconscientemente, elas desenvolveram defesas contra vivenciar muitos de seus sentimentos mais profundos. Em consequência, energias que deveriam ser direcionadas para desenvolver um "eu" pleno foram gastas para suprimir seus instintos naturais, resultando em uma capacidade limitada para ter intimidade emocional.

Sem perceber a magnitude das limitações de desenvolvimento de seus pais emocionalmente imaturos, muitas crianças acham que deve haver uma pessoa genuína e íntegra escondida dentro deles, um "eu" real com o qual elas poderiam se conectar se eles permitissem. Isso é especialmente verdadeiro se o pai ou mãe era ocasionalmente afetuoso ou atencioso.

Conforme uma mulher me disse: "com meus pais, eu costumava escolher a parte boa de que eu gostava e fingir que essa era a parte real. Eu dizia a mim mesma que essa parte boa acabaria prevalecendo, mas isso nunca aconteceu. Eu também costumava fingir que as partes ruins deles não eram reais, mas agora percebo que tudo era real".

Quando se tornam entranhadas na personalidade de alguém, as defesas são tão reais como uma cicatriz na pele. Após se formar, elas são duradouras. Tais limitações se tornam uma parte importante da personalidade das pessoas. Mas, em última instância, elas podem se tornar mais autênticas e emocionalmente disponíveis conforme sua capacidade para a autorreflexão.

Frequentemente, as pessoas se indagam se algum dia seus pais mudarão. Isso depende de os pais estarem dispostos a fazer autorreflexão, que é o primeiro passo para qualquer mudança. Lamentavelmente, se não estiverem interessados em notar seus impactos sobre os outros, seus pais não têm ímpeto para enxergar como são; sem tal autorreflexão, não há como mudar.

## A História de Hannah

Hannah sempre desejou ter mais intimidade com sua mãe rigorosa e trabalhadora. Já adulta, durante uma visita, ela pediu à mãe que lhe contasse algo sobre si mesma que nunca havia partilhado antes. Isso pegou sua mãe de surpresa. Primeiro, ela pareceu um animal acuado pelos faróis de um carro, então, desabou em lágrimas e não conseguia falar. Hannah sentiu que seu pedido inocente simultaneamente apavorou e desarmou a mãe. Inadvertidamente, ela havia atingido em cheio as defesas maternas cuja origem estava em um lugar pesaroso há muito tempo escondido, e que expôs seu anseio na infância de ser ouvida por alguém que se interessasse em suas experiências. O interesse e a empatia de Hannah esmagaram as defesas que sua mãe havia desenvolvido em razão da falta desse tipo de conexão. Ela simplesmente não conseguia lidar com as tentativas da filha para terem intimidade emocional.

# O desenvolvimento incompleto gera limitações emocionais

Embora sejam muito reativas, as pessoas emocionalmente imaturas têm uma relação paradoxal com as emoções. Elas se inflam rapidamente, mas têm medo de seus sentimentos mais autênticos. Isso é previsível caso tenham sido criadas em um meio familiar que as impedia de lidar com suas emoções ou até as punia quando perdiam a calma. Quanto mais cedo conseguissem evitar ou sufocar seus sentimentos, melhor. Por isso, elas acham o mundo das emoções profundas extremamente ameaçador.

## Elas temem os sentimentos

Muitas pessoas emocionalmente imaturas cresceram em lares nos quais foram ensinadas que a expressão espontânea de certos sentimentos era uma infração vergonhosa aos costumes familiares. Elas aprenderam que se expressar, ou ter esses sentimentos mais profundos, podia causar vergonha ou castigo, resultando no que a pesquisadora de psicoterapia Leigh McCullough e seus colegas chamam de fobia de afetos (McCullough et al., 2003). Tendo aprendido a associar as emoções extremamente pessoais com as acusações de serem más, elas não podiam mais ousar reconhecer certos sentimentos, especialmente aqueles relacionados à intimidade emocional. Em consequência, elas buscavam ansiosamente inibir suas reações genuínas, desenvolvendo comportamentos defensivos em vez de vivenciar seus verdadeiros sentimentos e impulsos (Ezriel, 1952).

A fobia de afetos pode resultar em uma personalidade estreita e inflexível, baseada em defesas rígidas contra certos sentimentos. Na vida adulta, essas pessoas emocionalmente imaturas têm uma reação automática de ansiedade quando se trata de conexão emocional profunda. As emoções mais genuínas fazem com que se sintam expostas e extremamente nervosas. Ao longo da vida, elas usarão sua energia para criar uma fachada defensiva que as protege contra a vulnerabilidade emocional. Para evitar a perigosa intimidade emocional, elas seguem um roteiro estrito na vida e resistem a mencionar e a processar emoções, inclusive nos relacionamentos.

Como pais, elas transmitem esse medo das emoções a seus filhos. Em tais famílias, o ditado "vou lhe dar motivo para chorar" é uma resposta parental comum a uma criança transtornada. Muitas crianças cujos pais são emocionalmente fóbicos passam a temer que, se começarem a chorar, não conseguirão parar, pois não sabem que o choro cessa naturalmente quando os adultos permitem que elas se expressem plenamente. Como cresceram com pais emocionalmente fóbicos que esmagavam sua angústia, essas pessoas nunca experimentaram o ritmo natural de um ataque de choro que traz tanto alívio.

É fácil entender por que crianças crescendo nessas condições têm medo das próprias emoções. De fato, até sentimentos positivos como alegria e empolgação podem ser associados à ansiedade. Por exemplo, Anthony relembrou um episódio doloroso quando saiu correndo alegremente pela porta da frente de casa para ir ao encontro do pai, que estava estacionando o carro na entrada. Anthony saltou por cima de um pequeno arbusto, mas atingiu-o com o pé e o derrubou. Em vez de apreciar o gesto de afeição do filho, seu pai lhe deu uma surra. Em consequência, Anthony aprendeu a temer o pai e, também, que a alegria espontânea poderia metê-lo em encrenca.

## Elas focam no físico, não no emocional

Pais emocionalmente imaturos podem cuidar bem das necessidades físicas e materiais de seus filhos, provendo tudo em termos de alimentação, moradia e educação. Em termos de coisas físicas, tangíveis ou atividades relacionadas, muitos desses pais asseguram que seus filhos tenham todas as vantagens que o dinheiro pode comprar. Mas, quando se trata de questões emocionais, eles podem ser desatentos às necessidades dos filhos.

Muitos pacientes meus têm boas lembranças de terem sido bem cuidados quando estavam doentes, recebendo a atenção dos pais e até presentes e comidas favoritas. Mas isso só acontecia após os pais estarem devidamente convencidos de que as crianças realmente estavam doentes. Então, esses pacientes interpretavam essa carga de atenção como uma prova de amor dos pais, muito embora fosse tão esporádica.

Isso faz sentido, pois os cuidados durante uma doença eram uma justificativa para os pais "concederem" atenção e afeição à criança. Esses pais sentiam-se seguros de cuidar afetuosamente quando a finalidade era restaurar a saúde física da criança. A ajuda física era mais sancionada do que o apego emocional. Ser bem cuidado em aspectos não emocionais pode gerar confusão em pessoas que cresceram se sentindo emocionalmente solitárias. Há evidências físicas de que seus pais as amavam e se sacrificavam por elas, mas a dolorosa falta de segurança emocional e de proximidade com eles permanece.

## Elas podem ser estraga-prazeres

O medo das emoções genuínas pode fazer as pessoas emocionalmente imaturas serem estraga-prazeres. Em vez de vibrar com a empolgação e entusiasmo dos filhos, pais desse tipo podem mudar abruptamente de assunto ou adverti-los a não se animarem demais. Em reação à exuberância dos filhos, é provável que digam algo desdenhoso ou cético para jogar um balde de água fria. Quando uma mulher disse que estava empolgada por comprar sua primeira casa, sua mãe disse: "claro, e depois você vai achar outra coisa para se ocupar".

## Elas têm emoções rasas, porém intensas

Pessoas emocionalmente imaturas são facilmente sobrepujadas por uma emoção profunda e demonstram sua inquietação transmutando-a prontamente em reatividade. Em vez de sentir as coisas profundamente, elas reagem de modo superficial. Elas podem ser emocionalmente excitáveis e demonstrar muita sentimentalidade, talvez até chorando com facilidade. Ou podem dirigir sua raiva para qualquer coisa que as desagrade. Sua reatividade parece indicar que elas são ardentes e profundamente emotivas, mas sua expressão emocional frequentemente é só de relance, quase como uma pedra resvalando na superfície, em vez de afundar. Trata-se de uma reação momentânea dramática, mas não profunda.

Ao interagir com essas pessoas, a superficialidade de suas emoções pode fazer com que você não se comova com a angústia delas. Você pode até se incomodar com a própria indiferença, mas seu coração não consegue compactuar com as suas reações exageradas. E como reagem exageradamente com tanta frequência, você pode aprender rapidamente a se desligar delas pelo bem de sua sobrevivência emocional.

## Elas não têm emoções mistas

A capacidade de sentir emoções mistas é um sinal de maturidade. Se as pessoas conseguem mesclar emoções contraditórias, como felicidade com culpa, ou raiva com amor, isso mostra sua capacidade de abranger a complexidade emocional da vida. Sentimentos opostos simultâneos se domam. A capacidade de sentir emoções distintas, simultaneamente, faz o mundo se tornar mais rico e mais profundo. Em vez de ter uma reação emocional intensa e unidimensional, as pessoas podem ter diversos sentimentos que refletem as nuances de uma situação. No entanto, as reações de pessoas emocionalmente imaturas tendem a ser em preto e branco, sem áreas cinzentas. Isso elimina a ambivalência, os dilemas e outras experiências emocionalmente complexas.

## Diferenças na maneira de pensar

Além de diferenças emocionais e comportamentais, frequentemente há diferenças intelectuais entre pessoas emocionalmente maduras e imaturas. Se cresceram em uma atmosfera familiar repleta de ansiedade e julgamento, seus pais podem ter aprendido a pensar limitadamente e a resistir à complexidade.

A ansiedade excessiva na infância gera imaturidade emocional e um raciocínio excessivamente simplificado que não tolera ideias opostas.

Ambientes familiares tipicamente repressores ou punitivos não estimulam o pensamento livre e a autoexpressão, assim, impedindo o desenvolvimento pleno da mente infantil.

### Dificuldades com o raciocínio conceitual

A partir da adolescência, as pessoas começam a pensar conceitualmente e a resolver problemas com lógica e raciocínio, em vez de seguir impulsos automáticos. O desenvolvimento cerebral acelerado torna os adolescentes mais objetivos e imaginativos.

Eles agrupam ideias em categorias e pensam rapidamente em símbolos. Deixam de simplesmente memorizar coisas e comparar fatos, e passam a avaliar ideias. Eles conseguem pensar independente e hipoteticamente, além de gerar novas percepções a partir de conhecimentos prévios. Quando as crianças entram na adolescência, sua capacidade para a autorreflexão dispara, pois se tornam capazes de pensar sobre o próprio pensamento (Piaget, 1963).

No entanto, as emoções e ansiedade intensas das pessoas emocionalmente imaturas podem diminuir sua capacidade de pensar nesse nível mais elevado. Como estão constantemente à mercê de suas emoções, seu raciocínio desmorona facilmente sob estresse. De fato, sua falta de autorreflexão frequente deriva dessa tendência para regredir e perder temporariamente sua capacidade de pensar. Quando surgem assuntos que suscitam emoções, suas mentes caem em um esquema rígido de preto ou branco que rejeita a complexidade e impede qualquer polinização mútua de ideias.

Pessoas emocionalmente imaturas, porém, inteligentes, podem pensar conceitualmente e ter percepções desde que não se sintam muito ameaçadas no momento. Sua objetividade intelectual se limita a assuntos que não sejam emocionalmente desconfortáveis. Isso pode confundir muito seus filhos, que conhecem lados bem diferentes dos pais: às vezes inteligentes e perspicazes, outras vezes obtusos e irracionais.

### Propensão ao raciocínio literal

Ao escutar as conversas de pessoas emocionalmente imaturas, você será capaz de notar o quanto seu pensamento é rotineiro e literal. Elas tendem a conversar sobre o que aconteceu ou sobre o que observaram, mas não sobre sentimentos ou ideias. Por exemplo, um homem achava as conversas telefônicas com sua mãe extenuantes e tediosas porque ela nunca falava sobre coisas importantes.

Ela só fazia perguntas mundanas, como o que ele andava fazendo ou como estava o clima. Ele me disse: "ela só relata os fatos e nunca fala sobre outra coisa além de 'o que aconteceu ultimamente'. Ela não se conecta comigo na conversa. Eu fico muito frustrado e com vontade de dizer?: 'será que podemos falar sobre alguma coisa importante?' mas ela não consegue".

### Intelectualizando obsessivamente

Outro sinal cognitivo de imaturidade emocional é intelectualizar demais e ficar obcecado com certos assuntos. Nessas áreas, as pessoas emocionalmente imaturas conceituam bem – na verdade, até excessivamente. Mas não usam essa capacidade para a autorreflexão ou para ser emocionalmente sensíveis com os outros. Sua preocupação com ideias as desvia da intimidade emocional. Elas podem discutir longamente seus assuntos favoritos, mas não se envolvem realmente com a outra pessoa. Em consequência, é tão difícil conversar com elas quanto com aquelas que pensam de maneira excessivamente literal. Embora consigam pensar conceitualmente enquanto comunicam suas ideias, só ficam à vontade se as coisas permanecerem em um nível impessoal e intelectual.

## Resumo

A imaturidade emocional é um fenômeno real estudado há muito tempo. Ela solapa a capacidade das pessoas para lidar com o estresse e para ter intimidade emocional com os outros. Pessoas emocionalmente imaturas frequentemente cresceram em um ambiente familiar que impediu seu pleno desenvolvimento emocional e intelectual. Em consequência, elas têm uma abordagem supersimplificada em relação à vida, distorcendo as situações para que caibam em suas habilidades rígidas de enfrentamento. Esse senso limitado do "eu" as torna egocêntricas e mina sua capacidade de ser sensíveis às necessidades e sentimentos alheios. Suas emoções reativas, falta de objetividade e temor da intimidade emocional podem dificultar os relacionamentos, especialmente com os próprios filhos.

No próximo capítulo, examinaremos como é se relacionar com um pai ou mãe emocionalmente imaturo e os desafios enfrentados pelas crianças maduras quando tentam se comunicar com eles.

# Capítulo 3

# Como é o relacionamento com um pai ou mãe emocionalmente imaturo

Neste capítulo, vou explorar como pais emocionalmente imaturos lidam com os relacionamentos de maneiras que frustram as necessidades emocionais dos filhos. Conforme sabemos, ser criado por pais que são assim gera muita solidão e exasperação.

Ninguém escolhe os primeiros relacionamentos da vida. Nosso laço mais forte é com quem temos o primeiro apego, aquela pessoa à qual recorremos quando estamos com medo, fome, cansaço ou doentes. Quando estamos bem, podemos brincar com os outros, mas o estresse ou uma necessidade urgente nos levarão de volta ao cuidador principal (Ainsworth, 1967).

A intensidade desse laço inicial ajuda a explicar por que pais emocionalmente imaturos podem ser continuamente decepcionantes. Relacionar-se com eles é muito difícil, mas quando estamos distantes ou separados, parece que algo essencial está faltando. Nossos instintos básicos nos fazem continuar recorrendo aos nossos pais em busca de cuidados e compreensão.

## Exercício: Avaliando suas dificuldades na infância com pai ou mãe emocionalmente imaturo

A imaturidade emocional fica mais evidente nos relacionamentos, e seus impactos são especialmente profundos se o relacionamento é entre pais e filhos. Leia atentamente as afirmações a seguir, que delineiam algumas das dificuldades mais dolorosas que pais emocionalmente imaturos causam para os filhos, marque todas as opções que refletem sua experiência na infância. Se quiser fazer essa avaliação para ambos os pais ou o padrasto, ou a madrasta, leia a versão deste exercício disponível nos anexos do livro.

- Eu não me sentia ouvido; raramente recebia a atenção plena do meu pai ou da minha mãe.
- As mudanças de humor do meu pai ou da minha mãe afetavam toda a família.
- Meu pai ou minha mãe era insensível aos meus sentimentos.
- Eu sentia que não sabia o que meu pai ou minha mãe queria, se ele ou ela não explicasse.
- Eu sentia que nunca conseguia fazer meu pai ou minha mãe feliz o suficiente.
- Eu me empenhava mais para entender meu pai ou minha mãe do que eles tentavam me entender.
- A comunicação sincera e aberta com meu pai ou minha mãe era difícil ou impossível.
- Meu pai ou minha mãe achavam que as pessoas deviam desempenhar e se ater apenas a seus papéis.
- Meu pai ou minha mãe frequentemente invadia ou desrespeitava minha privacidade.
- Sempre senti que meu pai ou minha mãe me achava sensível e emotivo demais.
- Meu pai ou minha mãe dava mais atenção aos seus filhos favoritos.
- Meu pai ou minha mãe parava de ouvir quando não gostava do que estava sendo dito.
- Frequentemente, sentia-me culpado, burro, mal ou envergonhado quando estava perto do meu pai ou da minha mãe.

- Meu pai ou minha mãe raramente pedia desculpas ou tentava melhorar a situação quando havia um problema entre nós.
- Frequentemente, eu sentia raiva de meu pai ou de minha mãe, mas não podia expressá-la.

Cada uma dessas afirmações está ligada a características descritas neste capítulo. Seus pais talvez não tenham todas as características que descrevo, mas marcar mais de um item sugere algum nível de imaturidade emocional.

---

## A comunicação é difícil ou impossível

A tentativa de relacionar-se com um pai ou mãe emocionalmente imaturo e inábil para criar intimidade pode te fechar ou calar. Mesmo que esteja na ponta mais simpática e calorosa do espectro, ele ou ela, provavelmente, tem uma janela muito estreita de atenção quanto aos interesses das outras pessoas. Presumivelmente, você tentou durante anos descobrir uma maneira de se conectar e o resultado foi sentir-se continuamente invisível, ignorado e exasperado; a insensibilidade do seu pai ou mãe tende a causar essas sensações.

Conforme uma mulher disse sobre sua mãe egocêntrica: "ela acha que somos muito próximas, mas para mim não é um relacionamento satisfatório. Fico furiosa quando ela fala para as pessoas que sou sua melhor amiga".

A comunicação com pessoas emocionalmente imaturas geralmente parece unilateral.

Elas não estão interessadas em dialogar. Assim como crianças pequenas, anseiam por atenção exclusiva e querem que todos se interessem pelo que elas acham interessante. Se outras pessoas estiverem se destacando mais, elas acham um jeito de atrair novamente a atenção, interrompendo, fazendo comentários mordazes ou mudando de assunto. Se as artimanhas falharem, elas deixam claro que se desligaram, estão entediadas ou desinteressadas – tudo para se manter sob os holofotes.

### A História de Brenda

Mildred, a mãe idosa de Brenda, sempre foi muito egocêntrica. Após Mildred visitá-la nas férias, Brenda ficou exausta. Em nossa sessão seguinte, Brenda parecia esgotada, fisicamente envelhecida e descreveu a mãe da seguinte maneira: "Minha mãe só se interessa por si mesma e nunca pergunta como estou me sentindo ou como está meu trabalho. Ela só quer saber o que estou fazendo para poder se gabar sobre isso com seus amigos. Acho que ela jamais absorveu ou registrou de fato o que eu digo. Nós nunca tivemos um relacionamento verdadeiro, porque a atenção estava sempre nela. Ela nunca abasteceu meu "tanque emocional", pois não se importa se realmente estou feliz e desdenha muito de tudo o que eu digo. Estar com ela só me dá trabalho, pois sou obrigada a lidar com essa pessoa superficial que só deseja que eu faça coisas para ela. Eu não sei como ela tem a ousadia de ser tão exigente".

Embora Mildred estivesse na faixa dos 80 anos, seu egocentrismo era infantil. Brenda entendia a imaturidade e o nível intelectual da mãe, mas ainda ficava com raiva. Conforme ela me disse: "eu queria que ela não me tirasse do sério com tanta facilidade. Fico decepcionada por sentir raiva quando estamos juntas".

Durante as visitas de Mildred, Brenda tentava constantemente acalmá-la para que pudesse fazer algumas coisas nas férias. Mas em questão de minutos Mildred a chamava, esperando que Brenda largasse tudo que estivesse fazendo e trouxesse algo. Era irritante ser constantemente interrompida, mas uma reação de Brenda foi mais profunda do que o habitual. A parte a seguir, sobre apego emocional, ajuda a explicar a raiva de Brenda.

## Eles causam raiva

John Bowlby, um pioneiro nos estudos sobre reações infantis à separação e perda, observou que é normal bebês e crianças ficarem com raiva quando são deixadas pelos pais. Tristeza é uma reação previsível à perda, mas Bowlby documentou que a raiva também é comum como reação à separação (1979). Isso é compreensível. A raiva e até a fúria são reações adaptáveis a sentimentos de abandono, dando-nos energia para protestar e mudar situações emocionais nocivas.

Sob essa perspectiva, a raiva de Brenda por sua mãe não era mesquinha ou irracional; era sua reação biológica a sentimentos de desamparo causados pelo descaso materno. Afinal de contas, sentir-se menosprezada ou ignorada cria uma separação emocional. Para Brenda, era como se sua mãe a abandonasse constantemente. Mas, quando entendeu que o egocentrismo materno era uma espécie de abandono emocional, pôde compreender pela primeira vez a profundidade de sua raiva. Ela não estava exagerando, e sim tendo uma reação normal a um dano emocional. Após entender a origem de sua raiva, Brenda conseguiu se enxergar sob uma ótica diferente. Ela havia sido uma criança normal e sentia a raiva que qualquer criança sentiria se a mãe ou o pai se afastasse ou se recusasse a responder.

Às vezes, crianças cujos pais são emocionalmente imaturos reprimem sua raiva ou se revoltam contra eles. Talvez tenham aprendido que é muito perigoso expressar a raiva diretamente ou se sintam muito culpadas por sentir raiva e ficarem cientes disso. Quando a raiva é internalizada dessa maneira, as pessoas tendem a se criticar e culpar-se de modo irreal e demasiado. Elas podem acabar ficando gravemente deprimidas, ou até pensar em suicídio – a expressão radical da raiva contra o "eu". Outras pessoas expressam sua raiva de maneira passivo-agressiva, tentando derrotar seus pais e outras figuras de autoridade com comportamentos como esquecer, mentir, protelar ou evitar.

## Elas se comunicam por contágio emocional

Como têm pouca consciência a respeito de sentimentos e um vocabulário limitado para experiências emocionais, pessoas emocionalmente imaturas geralmente representam suas necessidades emocionais em vez de falar sobre elas. Seu método de comunicação é o chamado contágio emocional (Hatfield, Rapson e Le, 2007), o qual faz os outros sentirem o que elas estão sentindo.

Bebês e crianças pequenas também comunicam suas necessidades por meio do contágio emocional. Elas choram e fazem um estardalhaço até seus cuidadores descobrirem o que há de errado e reparar isso. O contágio emocional de um bebê transtornado suscita a adesão de um adulto preocupado, que faz tudo o que for necessário para acalmar a criança.

Adultos emocionalmente imaturos comunicam sentimentos dessa mesma maneira primitiva. Quando estão aflitos transtornam seus filhos e quem mais estiver por perto e, assim, os outros ficam dispostos a fazer o que for preciso para que eles se sintam melhor. Nessa inversão de papéis, a criança é contaminada pela aflição parental e se sente responsável por fazer o pai ou a mãe se sentir melhor. No entanto, se o pai ou mãe transtornado estiver tentando entender os próprios sentimentos, as coisas nunca são resolvidas. Os sentimentos perturbadores se disseminam para os outros e todos reagem sem entender verdadeiramente qual é a questão.

## Eles não fazem o trabalho emocional

Pais emocionalmente imaturos não tentam entender as experiências emocionais alheias – inclusive as dos próprios filhos. Se forem acusados de ser insensíveis às necessidades ou sentimentos dos outros, eles tornam-se defensivos e dizem algo como: "bem, você devia ter dito isso antes!", justificando com o argumento de que não conseguem ler mentes ou que a pessoa magoada é demasiado sensível. Seja lá o que digam, a mensagem é a mesma: é inútil esperar que eles se esforcem para entender o que as outras pessoas estão sentindo.

Em seu artigo Toiling in the Field of Emotion (2008, p. 270), a psiquiatra Harriet Fraad usa o termo trabalho emocional a fim de descrever o esforço para entender os outros: "Trabalho emocional é investir tempo, esforço e energia mentais e musculares para entender e satisfazer necessidades emocionais. Necessidades emocionais significam as necessidades humanas de se sentir querido, apreciado, amado e importante. As necessidades emocionais dos indivíduos frequentemente não são ditas ou conhecidas, pois são inconscientes. O trabalho emocional frequentemente ocorre junto com o trabalho físico (produzir bens ou serviços), mas o trabalho emocional difere do trabalho físico, pois visa gerar os sentimentos específicos de ser querido, apreciado, amado e importante".

Fraad explica que algumas pessoas nem sempre percebem que precisam de conforto emocional, pois as necessidades emocionais frequentemente são vagas ou inconscientes.

Outras pessoas podem esconder suas necessidades porque têm vergonha de admiti-las, então, quem se importa com elas deve confortá-las sutilmente para não as constranger.

O trabalho emocional é difícil. Quem o assume também deve estar sempre observando atentamente a outra pessoa para saber se seus esforços são efetivos. Muitos papéis e profissões dependem muito do trabalho emocional, e se este for bem feito, os outros dificilmente notam o esforço envolvido. Ser uma boa mãe é um exemplo desse tipo de trabalho não celebrado, assim como diversas atividades do ramo de serviços.

Pessoas maduras assumem automaticamente o trabalho emocional nos relacionamentos porque vivem em um estado de empatia e autoconsciência. É impossível para elas fazer vista grossa se alguém com quem se importam estiver passando por dificuldades. Fazer esse trabalho permite que elas se orientem bem por todos os tipos de situações interpessoais sem ofender ninguém. Tanto no trabalho quanto em casa, o trabalho emocional promove a boa-vontade e bons relacionamentos.

Por sua vez, pessoas emocionalmente imaturas, muitas vezes, se orgulham de não ter essa habilidade. Elas racionalizam suas reações impulsivas e insensíveis com desculpas como: "só estou dizendo o que penso" ou "não posso mudar quem eu sou". E se você as confronta com o fato de que não dizer tudo o que você pensa é um sinal de bom-senso, ou que as pessoas não podem amadurecer sem mudar quem são, provavelmente elas reagirão com raiva ou dizendo que você é ridículo.

Parece que elas acham que se safam se os outros não manifestarem verbalmente seu sofrimento ou dificuldade. Elas acreditam que não precisam se sintonizar com os sentimentos alheios. No entanto, pessoas emocionalmente maduras quase sempre são sensíveis aos outros, pois sabem que isso faz parte de ter bons relacionamentos. Para pessoas que têm empatia, o trabalho emocional flui facilmente. No entanto, para aquelas que não têm empatia e acham que as mentes das outras pessoas são opacas, o trabalho emocional simplesmente não parece natural.

Essa pode ser uma das razões por que pessoas emocionalmente imaturas reclamam tanto quando os outros esperam que façam um esforço nesse sentido.

## Elas são dissimuladas

Pessoas emocionalmente imaturas anseiam pela atenção às suas necessidades, embora não assumam isso. Esse traço foi chamado baixa capacidade receptiva pela pesquisadora Leigh McCullough (McCullough et al., 2003). Pessoas emocionalmente imaturas querem que os outros demonstrem preocupação com seus problemas, mas dificilmente aceitam sugestões úteis. Por reflexo, rejeitam os esforços alheios para mostrar que se importam com elas. Elas querem atenção, mas quando as pessoas tentam ajudar são repelidas.

Além disso, essas pessoas esperam que os outros leiam suas mentes e frequentemente ficam com raiva se as pessoas não adivinham logo seus desejos (McCullough et al., 2003). Elas não gostam de dizer o que sentem e se refreiam, esperando para ver se qualquer pessoa notará como estão se sentindo. A clássica demanda não verbalizada do adulto emocionalmente imaturo é: "se me amasse de verdade, você saberia o que eu desejo que faça".

Como exemplo, uma mulher descreveu o hábito da mãe de se sentar em um canto e esperar até que alguém da família voltasse da cozinha para reclamar raivosamente de que a pessoa não havia perguntado se ela queria alguma coisa. Em vez de dizer o que precisam, pessoas emocionalmente imaturas criam um jogo maligno de adivinhação que mantém todo mundo apreensivo.

## Elas resistem em restaurar relacionamentos

Como problemas surgem em qualquer relacionamento, é importante saber lidar com conflitos de maneiras que ajudem o relacionamento a resistir às tempestades. É preciso confiança e maturidade para uma pessoa admitir que errou e tentar melhorar as coisas. Mas pessoas emocionalmente imaturas resistem em encarar seus erros.

Pessoas que são ofendidas por uma pessoa emocionalmente imatura podem começar a achar que têm alguma culpa se continuarem a se magoar com o que ela faz. Pessoas emocionalmente imaturas esperam que você as perdoe imediatamente. Caso contrário, elas o culparão por não as perdoar prontamente.

Após um rompimento, muitas pessoas farão o que o especialista em relacionamentos John Gottman chama de tentativa de reparação (1999), pedindo desculpas, perdão ou corrigindo-se de maneira que mostre o desejo de reparar as coisas. Mas pessoas emocionalmente imaturas têm uma ideia totalmente irreal do que significa o perdão. Para elas, trata-se de fazer de conta que o rompimento nunca aconteceu, como se um recomeço do zero fosse possível. Elas não têm noção da necessidade de processamento emocional, ou do tempo necessário para recomeçar após uma quebra de confiança importante. Elas só querem que as coisas voltem ao normal. O sofrimento alheio é o único problema, e tudo ficaria bem se os outros passassem por cima dos próprios sentimentos a respeito da situação.

## Elas exigem espelhamento

O espelhamento é uma forma espontânea de empatia e afinidade de pais maduros com os filhos. Pais sensíveis e emocionalmente responsivos espelham os sentimentos de seus filhos mostrando as mesmas emoções em seus rostos (Winnicott, 1971). Eles ficam preocupados quando os filhos estão tristes e se entusiasmam quando os filhos estão felizes. Dessa maneira, pais sensíveis ensinam seus filhos sobre emoções e a se envolverem espontaneamente com os outros. O bom espelhamento parental também dá à criança o sentimento de ser conhecido e compreendido como um indivíduo singular.

Isso, porém, não acontece com crianças cujos pais são emocionalmente imaturos. Conforme um homem disse a respeito de sua mãe, "ela não me vê como eu sou. Ela nunca me conhecerá, embora eu seja seu único filho".

De fato, pais emocionalmente imaturos esperam que seus filhos os conheçam e espelhem. E podem ficar altamente transtornados se os filhos não agirem como eles querem. Sua autoestima frágil depende de as coisas serem sempre como eles querem. No entanto, nenhuma criança é psicologicamente capaz de espelhar um adulto acuradamente.

Pais emocionalmente imaturos frequentemente têm a fantasia de que seus bebês farão eles se sentirem bem consigo mesmos. Quando os filhos apresentam as próprias necessidades, pais desse tipo podem entrar em um estado de intensa ansiedade. Aqueles demasiado imaturos, então, podem usar trunfos como impor castigos, fazer ameaças de abandono e humilhar, a fim de se sentir no controle e reforçar sua autoestima às custas de seus filhos.

## A História de Cynthia

Stella, que era extremamente volátil, esperava que sua filha Cynthia a espelhasse em tudo como se fosse um clone emocional.

Quando já era uma jovem adulta, Cynthia resolveu viajar, então, Stella explodiu gritando: "eu renego você!", e rompeu o contato com ela.

Ela ficou sem falar com Cynthia durante meses, inclusive em seu aniversário.

Cynthia resumiu a mensagem de sua mãe como: "você quis ficar livre e me deixou, sendo assim, não quero mais saber de você".

Após outro episódio de fúria, desencadeado pelo plano de Cynthia de visitar uma amiga no Canadá, Stella parou de pagar a faculdade da filha. Ela disse à Cynthia que esta era egoísta por querer viajar: "O que passa pela sua cabeça? A vida não gira em torno de diversão!". Stella só se sentia segura se Cynthia espelhasse o mesmo tipo de vida medíocre que ela tinha.

Felizmente, Cynthia tinha uma personalidade forte, formou-se na faculdade e se tornou aeromoça, viajando para destinos exóticos. Mas no fundo ainda tinha a crença de que se quisesse manter qualquer relacionamento, teria de apaziguar e espelhar a outra pessoa. Ela me disse que sempre temia que as pessoas reagissem como sua mãe, punindo-a por ousar ser diferente.

## Sua autoestima depende da obediência filial

Pessoas emocionalmente imaturas só se sentem bem consigo mesmas quando conseguem que as outras pessoas deem o que elas desejam e ajam conforme sua vontade. Em razão dessa autovalorização vacilante, pais emocionalmente imaturos dificilmente toleram as emoções dos filhos. Uma criança nervosa ou birrenta pode desencadear as ansiedades deles em relação à sua bondade fundamental. Se não conseguem acalmar imediatamente a criança, eles acham que falharam e, então, a culpam por tirá-los do sério.

Por exemplo, Jeff lembrou-se de um incidente na infância quando pediu ao pai que o ajudasse na tarefa de casa. Quando Jeff não entendeu prontamente a lição, seu pai gritou: "como você pode ser tão burro? Pare de ser tão preguiçoso! Você nem tenta verdadeiramente". Não surpreendentemente, Jeff ficou mortificado e não voltou a pedir ajuda. Por ser criança, ele não poderia entender que seu pai estava lutando com o próprio pavor de ser incompetente caso não conseguisse ajudar o filho a entender prontamente a lição. Sua reação não tinha nada a ver com Jeff.

Para pessoas emocionalmente imaturas, todas as interações se resumem à questão se elas são boas pessoas ou más, o que explica sua defensividade extrema quando alguém tenta lhes falar sobre algo que elas fizeram. Frequentemente, elas reagem até a queixas brandas sobre seu comportamento com alguma afirmação exagerada como "pelo jeito, sou a pior mãe de todos os tempos!" ou "obviamente, eu não consigo fazer nada direito!". É mais provável que elas cortem a comunicação do que ouçam algo que os faria se sentir como pessoas más.

## Elas acham que os papéis são sagrados

Se há algo que pessoas emocionalmente imaturas prezam nos relacionamentos é o cumprimento dos papéis. Papéis simplificam a vida e a tomada de decisões.

Pais emocionalmente imaturos precisam que seus filhos desempenhem o papel apropriado, que inclui respeitá-los e obedecê-los. Frequentemente, eles falam clichês para justificar a autoridade de seu papel parental porque, assim como os papéis, os clichês simplificam bastante situações complexas e facilitam lidar com elas.

### Os supostos direitos assegurados por um papel

Os supostos direitos assegurados por um papel social implicam exigir um certo tratamento, a exemplo de pais que se sentem no direito de fazer o que querem simplesmente por causa de seu papel parental. Eles agem como se isso os isentasse de respeitar limites ou de ter consideração pelos outros.

Os pais de Mardi são um exemplo clássico de quem se acha no direito de alguma coisa em virtude do seu papel. Mardi e seu marido se mudaram para outra cidade porque ele foi transferido pela empresa. Pouco depois, os pais de Mardi se mudaram para um lugar no mesmo bairro e começaram a aparecer na casa dela sem avisar e até a entrar sem bater na porta. Quando Mardi sugeriu que telefonassem antes de vir, seus pais ficaram indignados e citaram seus papéis parentais para afirmar seu direito de aparecer sempre que quisessem.

Eis outro exemplo: Faith teve de proibir as visitas de sua mãe, que era corretora de imóveis, pois ela insistia em mudar os móveis e acessórios em sua casa. Mesmo após Faith pedir para sua mãe parar de fazer isso, ela protestava que tinha direito por ser sua mãe e corretora de imóveis – dois papéis-chave para ela.

## Coerção para assumir um papel

A coerção para assumir um papel ocorre quando as pessoas insistem que alguém desempenhe um papel que elas querem. No caso dos pais, eles tentam forçar os filhos a agirem de certa maneira parando de falar com eles, ameaçando rejeitá-los ou instigando outros membros da família a ficarem contra eles. A coerção para assumir um papel frequentemente envolve uma dose pesada de vergonha e culpa, como dizer a uma criança que ela é má por querer algo que o pai ou mãe desaprova.

Minha paciente Jillian, cuja família era rigidamente religiosa, foi alvo de um caso maligno de coerção para assumir um papel. Jillian se casou com um homem abusivo que a machucou fisicamente numerosas vezes. Quando finalmente criou coragem para deixá-lo, sua mãe ficou insistindo que voltasse para o marido.

Desesperada para ter o apoio da mãe, Jillian lhe contou sobre os abusos. Mas aos olhos da mãe, isso não vinha ao caso; Jillian precisava manter seu papel de mulher casada e o divórcio era um pecado.

Em outro exemplo, quando Mason disse que talvez fosse gay, sua mãe disse que isso era impossível: "pois você não é uma zebra". Para ela, o papel social de seu filho era inquestionavelmente heterossexual, e se ele não se visse assim era pura ilusão, como se ele afirmasse que era de uma espécie diferente.

A insistência a esse grau no cumprimento de papéis é uma profunda invalidação das escolhas de vida mais essenciais de um filho ou filha. Mesmo assim, pais emocionalmente imaturos não têm escrúpulos para fazer isso, pois ficam incomodados com a complexidade e preferem simplificar a vida. Em sua visão, não cumprir um suposto papel significa que há algo errado com a pessoa e ela precisa mudar.

## Elas buscam enredamento, não intimidade emocional

Embora a intimidade emocional e o enredamento pareçam semelhantes, esses dois estilos de interação são muito diferentes. Na intimidade emocional, dois indivíduos com "eus" plenamente articulados gostam de se conhecer em um nível profundo, construindo a confiança emocional por meio da aceitação mútua.

No processo de conhecer um ao outro, eles descobrem e até nutrem suas diferenças. A intimidade emocional é revigorante e energiza as pessoas para a evolução pessoal, à medida que cada um usufrui o interesse e o apoio da outra pessoa.

Por sua vez, no enredamento, duas pessoas emocionalmente imaturas buscam se encontrar e se completar por meio de um relacionamento dependente e intenso (Bowen, 1978). Por meio do enredamento, elas criam um senso de certeza, previsibilidade e segurança que se baseia no fato de que cada pessoa desempenha um papel confortável para a outra. Se uma delas tenta sair dos limites implícitos do relacionamento, a outra frequentemente sente muita ansiedade, a qual só é dissipada pelo retorno ao papel prescrito.

## A causa do favoritismo

O enredamento às vezes se manifesta como um favoritismo evidente (Libby, 2010). É difícil ver seu pai ou mãe dar mais atenção a um dos filhos, sem saber por que eles nunca demonstraram muito interesse por você. Mas o favoritismo óbvio não é sinal de um relacionamento estreito, e sim de enredamento. É provável que o filho preferido tenha um nível de maturidade psicológica semelhante ao dos pais (Bowen, 1978). Níveis baixos de maturidade emocional impulsionam as pessoas para o enredamento mútuo, especialmente no caso de pais e filhos.

Relembrando, pais emocionalmente imaturos se relacionam com base em papéis, não na individualidade. Caso você tivesse uma personalidade independente e autoconfiante, seus pais não o veriam como uma criança carente para a qual poderiam desempenhar o papel de salvadores. Eles, porém, o viam como uma criança sem necessidades, uma pequena adulta.

Não foi alguma insuficiência sua que fez seu pai ou sua mãe dar mais atenção ao seu irmão; o mais provável é que você não era dependente o suficiente para desencadear os instintos de enredamento deles.

Um fato interessante é que crianças autossuficientes e não enredadas pelos pais frequentemente são deixadas em paz e criam uma vida mais independente e autodeterminada (Bowen, 1978). Portanto, elas podem alcançar um nível de autodesenvolvimento superior ao dos pais. Dessa maneira, não receber atenção pode compensar em longo prazo. Mas até se tornarem adultas, as crianças autossuficientes ainda sofrem porque um ou ambos os pais despenderam mais energia no enredamento emocional com um dos seus irmãos.

O enredamento pode ser em forma de dependência ou idealização. No enredamento dependente, a criança é desajustada e o pai ou a mãe faz o papel de salvador ou vítima. No enredamento idealizado, o pai ou mãe mima a criança favorita como se ela fosse mais importante e merecedora do que as outras crianças. No entanto, isso prende a criança favorita idealizada em um papel blindado, de forma que ela também não sente uma verdadeira intimidade emocional.

## A História de Heather

Heather sempre ansiou pelo interesse e atenção de sua mãe, mas nunca conseguiu recebê-los, ao passo que sua irmã mais velha, Marlo, era claramente a favorita. Heather ficou muito magoada quando sua mãe relatou entusiasticamente que, em uma visita recente, ela e Marlo haviam "conversado sem parar!".

— "Sobre o que?", perguntou Heather.

— "Ah, sobre o que ela anda fazendo e o que deseja fazer".

Heather ficou triste porque sempre desejou ter esse tipo de conversa com a mãe, mas isso nunca aconteceu.

Outra vez, durante uma reunião de família, Heather observou com desalento como a mãe olhava Marlo com adoração e fez questão de se sentar em uma cadeira desconfortável para que sua favorita ficasse com a melhor cadeira.

## A História de Mark

Don, o pai de Mark, claramente preferia o filho caçula, Brett, ajudando-o financeiramente e chamando-o de 'meu garoto'.

Quando Don morreu, o tio de Mark relembrou no funeral o quanto Don fora duro com o rapaz, punindo-o severamente sem razão. "Você era o melhor", disse-lhe o tio, "e não consigo entender por que ele era tão ríspido". Mark era uma criança independente e inteligente que nunca incomodou seu pai. Como eles não se enredavam, Don voltou-se para Brett, que era mais imaturo emocionalmente.

## Achando substitutos para os membros da família

Pais emocionalmente imaturos podem direcionar sua necessidade de enredamento até para pessoas que não sejam da família. Se houver uma falta de enredamento na família nuclear, eles irão se enredar com um grupo, seja da igreja ou de outra organização.

### A História de Bill

Após Bill crescer e sair de casa, seus pais começaram a ajudar pessoas sem-teto que conheceram por meio de um programa social da igreja. Em qualquer reunião, os pais de Bill relatavam histórias recentes sobre as pessoas que estavam ajudando. Embora falassem com tanta empolgação sobre a pessoa mais recente que haviam colocado sob suas asas, eles raramente mencionavam algo em que Bill estivesse envolvido.

## Elas têm um senso temporal inconsistente

Embora esse ponto seja extremamente sutil e facilmente despercebido, as pessoas emocionalmente imaturas frequentemente têm uma noção fragmentada do tempo, especialmente quando ficam emotivas. Pode-se supor que todos os adultos tenham a mesma noção do tempo, usando uma espécie de sequência linear que se estende inconsutilmente do passado mais distante até o futuro previsível, mas isso não ocorre com as pessoas emocionalmente imaturas. Quando ficam excitadas emocionalmente, os momentos existem em uma espécie de agora eterno. Essa é uma das razões para a vida das pessoas emocionalmente imaturas costumeiramente ser repleta de problemas: elas não os veem se aproximando. Regidas pelos desejos do momento, suas experiências no tempo frequentemente são desconexas. Quando agem por impulso, não usam o passado para se guiar e não vislumbram o futuro. Esse transtorno da continuidade temporal explica suas inconsistências e a maneira irrefletida com que lidam com questões de relacionamento.

## Por que o pouco senso temporal parece manipulação emocional

Pessoas emocionalmente imaturas parecem manipuladoras emocionais, mas, na verdade, são estrategistas sagazes que pressionam para obter o que querem a cada momento. Elas não se esforçam para ser consistentes, então, só dizem o que dá na telha. Elas podem ter raciocínio estratégico em seu trabalho ou em outras situações, mas quando se trata de situações emocionais, buscam as vantagens imediatas.

Mentir é um exemplo perfeito de vitória momentânea que traz satisfação, mas em longo prazo isso é destrutivo para um relacionamento.

## Como a falta de senso da continuidade temporal cria inconsistência

Quando estão estressadas ou excitadas emocionalmente, as pessoas imaturas desligam-se do fluxo constante do tempo. Para elas, os momentos são como pontinhos separados no tempo, como luzinhas se acendendo e se apagando aleatoriamente, com poucos elos temporais entre uma interação e outra. Elas agem com inconstância, como se sua consciência pulasse de uma experiência para outra. Por isso, ficam indignadas quando seu comportamento passado é mencionado. Para elas, o passado já se foi e não se relaciona com o presente. Da mesma maneira, se você expressar cautela em relação a algo no futuro, elas podem ridicularizá-lo dizendo que o futuro ainda não chegou.

Por sua vez, pessoas emocionalmente mais maduras percebem o tempo como uma série de momentos encadeados. Se elas se arrependem de algo que fizeram, a vergonha ou culpa persiste por muito tempo. Se pensam em fazer algo arriscado no futuro, elas se sentem responsáveis pelo que pode acontecer e podem decidir fazer algo diferente. Os momentos em suas vidas são interconectados, cada um afetando os demais e todos afetando seus relacionamentos com outras pessoas.

## Como um senso temporal imaturo limita a autorreflexão e a admissão de responsabilidade

Autorreflexão é a capacidade de analisar seus pensamentos, sentimentos e comportamentos no decorrer do tempo. Pessoas que focam principalmente no aqui e agora não têm perspectiva temporal suficiente para fazer uma autorreflexão.

A cada momento elas deixam seu passado para trás, livrando-se de qualquer senso de responsabilidade por seus atos. Portanto, quando alguém se magoa com algo que fizeram anteriormente, elas tendem a acusar gratuitamente a pessoa de viver no passado. Elas não entendem por que os outros não conseguem perdoar, esquecer e seguir em frente. Em razão do seu senso limitado de continuidade temporal, elas não entendem que leva tempo para alguém superar uma deslealdade.

Obviamente, é raro essas pessoas assumirem a responsabilidade por alguma coisa; esse é um conceito incompreensível para quem não percebe a conexão temporal entre seus atos e as consequências. Assim, seu estilo natural é prometer algo, não cumprir, pedir desculpas negligentemente e, então, se ressentir com pessoas que voltam a tocar nesse assunto. Você pode indagar por que uma pessoa desenvolve um senso temporal tão instável, sendo cego às próprias inconsistências e incapaz de observar o próprio comportamento. Isso tem a ver com sua falta de autodesenvolvimento, personalidade pouco integrada e tendência ao raciocínio literal e extremamente concreto. Como elas não têm um "eu" constante como centro organizador de sua personalidade, as emoções ou o estresse podem reforçar uma mentalidade infantilizada na qual os momentos flutuam separadamente no tempo.

# Resumo

Pessoas emocionalmente imaturas têm pouca noção da história pessoal e resistem a ser responsabilizadas por suas ações passadas e por suas consequências.

Desprovidas de um senso firme do "eu", elas acham que a proximidade familiar significa enredamento e que as pessoas existem para se espelhar. É quase impossível haver comunicação real em virtude da sua falta de empatia e à ênfase rígida em papéis. Elas negligenciam a restauração e a reciprocidade nos relacionamentos, e se esquivam do trabalho emocional necessário para ter sensibilidade com os outros. Na realidade, seu foco está em se os outros lhes fazem parecer boas ou más. Defender-se contra a ansiedade é mais crucial do que relacionar-se autenticamente com as outras pessoas, inclusive seus filhos.

No próximo capítulo, daremos uma olhada em pesquisas sobre o apego entre a mãe e a criança para ver como essas características de imaturidade podem surgir e depois discutiremos como isso desemboca nos quatro tipos principais de pais emocionalmente imaturos.

# Capítulo 4

# Quatro tipos de pais emocionalmente imaturos

Há diversos tipos de pais emocionalmente imaturos, mas todos podem fazer as crianças sentirem solidão e insegurança. Basicamente, há uma maneira de dar amor e carinho, mas muitas maneiras de frustrar a necessidade de amor de uma criança. Neste capítulo, examinaremos quatro tipos de pais, cada qual com uma marca específica de imaturidade emocional. Embora cada tipo seja emocionalmente insensível de um modo distinto, todos geram insegurança emocional em seus filhos.

Apesar de seus estilos distintos, os quatro tipos têm a mesma imaturidade emocional subjacente. Todos tendem a ser egoístas, narcisistas e emocionalmente instáveis. Todos se caracterizam pelo egocentrismo, insensibilidade e baixa capacidade para a genuína intimidade emocional. Todos usam mecanismos inflexíveis de enfrentamento que distorcem a realidade, ao invés de lidar com ela (Vaillant, 2000). E todos usam seus filhos para tentar se sentir melhor, o que frequentemente leva a uma inversão de papéis e expõe os filhos a questões adultas de maneira esmagadora.

Além disso, os quatro tipos têm pouca sintonia com os sentimentos alheios. Eles têm problemas seríssimos com limites, envolvendo-se demais ou nunca. A maioria não tolera qualquer frustração e usa táticas emocionais ou ameaças, em vez de comunicação verbal, para obter o que deseja. Esses quatro tipos de pais resistem a ver os filhos como indivíduos à parte e relacionam-se estritamente, conforme as próprias necessidades. E com os quatro estilos, as crianças acabam se sentindo "desprovidas do eu" (Bowen, 1978), pois suas necessidades e interesses são eclipsados pelo que é importante para seus pais. Antes de explorarmos os quatro tipos, porém, daremos uma olhada em uma pesquisa acerca dos efeitos de diversos tipos de parentalidade sobre os comportamentos de apego em bebês.

## Como tipos distintos de parentalidade afetam o apego infantil

Mary Ainsworth, Silvia Bell e Donelda Stayton (1971, 1974) conduziram uma famosa pesquisa sobre apego infantil que vem sendo replicada muitas vezes através dos anos. Parte dessa pesquisa envolveu observar e identificar características maternas que foram associadas a comportamentos de apego seguro ou inseguro em bebês. Conforme resumiram em seu artigo de 1974, essas pesquisadoras classificaram os comportamentos maternos com os bebês em quatro dimensões: sensibilidade-insensibilidade, aceitação-rejeição, cooperação-interferência e acessibilidade-indiferença.

Elas descobriram que o "grau de sensibilidade" de uma mãe era "uma variável-chave, no sentido de que todas as mães que tiveram pontuação alta em sensibilidade também pontuaram alto em aceitação, cooperação e acessibilidade, ao passo que mães que pontuaram baixo em qualquer uma das outras três escalas também tiveram baixa pontuação em sensibilidade" (1974, 107). Ainsworth e suas colegas relataram que os bebês de mães mais sensíveis mostraram comportamentos de apego mais seguro durante seus experimentos.

Essas pesquisadoras descreveram da seguinte forma as mães sensíveis de bebês que mostraram comportamentos de apego seguro: "Em suma, mães altamente sensíveis geralmente são acessíveis a seus bebês e cientes até de suas comunicações, sinais, desejos e mudanças de humor mais sutis; além disso, tais mães interpretam acuradamente as percepções deles e demonstram empatia. Dotada dessa compreensão e empatia, a mãe sensível pode dosar bem essas interações e lidar com seu bebê de modo que suas interações sejam apropriadas – tanto no tipo quanto na qualidade – e oportunas" (1974, 131).

No entanto, os comportamentos de mães cujos bebês demonstravam de apego inseguro eram muito diferentes. Relembre os Capítulos 2 e 3 deste livro e veja como a seguinte descrição de mães insensíveis feita por

Mary Ainsworth e suas colegas aponta as características do que eu denomino pais emocionalmente imaturos: em contraste, mães com baixa sensibilidade não estão cientes de grande parte do comportamento de seus bebês, seja porque ignoram os bebês ou porque não percebem em suas atividades as comunicações mais sutis e difíceis de detectar. Além disso, mães insensíveis frequentemente não entendem esses aspectos do comportamento infantil, dos quais não estão cientes ou os distorcem. A mãe pode ter percepções um tanto acuradas das atividades e mudanças de humor do bebê, mas ser incapaz de ter empatia com ele. Seja por isso ou por falta de entendimento, mães com baixa sensibilidade dosam incorretamente suas respostas às comunicações dos bebês, quer em termos da hora certa, quer de prontidão. Essas mães frequentemente também erram no tipo e na quantidade de suas respostas, ou seja, as interações são fragmentadas e mal resolvidas (Ainsworth, Bell e Stayton, 1974, 131).

As descobertas dessa pesquisa corroboram a ideia de que os níveis de sensibilidade e empatia de uma mãe afetam fortemente a qualidade dos comportamentos de apego do bebê em relação à figura materna.

## Os quatro tipos de pais emocionalmente imaturos

Tendo em mente essa pesquisa sobre apego infantil, agora passarei a definir os quatro tipos principais de pais emocionalmente imaturos, os quais têm alta propensão a gerar sentimentos de insegurança nos filhos. Embora cada tipo mine a segurança emocional infantil de diversas maneiras, todos se relacionam com os filhos com empatia limitada, apoio emocional instável e grande insensibilidade. Vale frisar que cada tipo existe ao longo de uma sequência contínua, que vai de branda a grave e com graus variados de narcisismo. Em casos graves, o pai ou a mãe pode ser doente mental ou abusivo fisicamente ou sexualmente.

Pais dramaticamente emotivos são regidos por seus sentimentos, oscilando entre o envolvimento excessivo e a frieza abrupta. Eles são propensos a uma instabilidade e imprevisibilidade assustadoras. Sobrepujados pela ansiedade, dependem dos outros para se estabilizar. Eles tratam as pequenas contrariedades como se fosse o fim do mundo e veem as outras pessoas como salvadoras ou traidoras.

Pais compulsivos seguem metas sem parar e estão sempre muito ocupados. Eles não param de tentar aperfeiçoar tudo, inclusive as outras pessoas. Embora raramente façam uma pausa longa o suficiente para ter verdadeira empatia pelos filhos, eles são controladores e intrusivos quando se trata de comandar as vidas deles.

Pais passivos têm uma mentalidade displicente e evitam lidar com perturbações. Obviamente, são menos nocivos do que os outros tipos, mas têm efeitos negativos. Eles prontamente cedem o comando para um companheiro dominante e até fazem vista grossa para abusos e negligências. Eles levam a vida minimizando problemas e sendo submissos.

Pais rejeitadores têm vários comportamentos que prontamente suscitam a dúvida sobre o que os motivou a formar uma família. Seu comportamento pode ser brando ou grave, mas o fato é que eles não gostam de intimidade emocional e claramente não querem ser incomodados pelas crianças. Sua tolerância com as necessidades alheias é praticamente nula, e suas interações consistem em dar ordens, explodir ou se isolar da vida em família. Alguns dos tipos mais brandos podem se envolver em atividades familiares estereotipadas, mas mantêm pouca proximidade e pouco envolvimento real. Acima de tudo, eles querem ficar em paz para fazer suas coisas.

À medida que ler as descrições a seguir, tenha em mente que alguns pais são uma mescla de tipos. Embora a maioria deles se enquadre em uma categoria, qualquer um pode ficar propenso a comportamentos que se encaixam em outro tipo quando está sob estresse. É possível perceber um ponto em comum nas descrições a seguir: nenhum dos tipos é capaz de agir consistentemente de maneira que faria uma criança se sentir segura com o relacionamento. No entanto, cada tipo tem um jeito único de falhar. Saliento também que meu propósito aqui é apenas delinear os quatro tipos de pais e, nos capítulos posteriores, mostrarei as melhores formas de lidar com pais emocionalmente imaturos.

## O pai ou mãe dramaticamente emotivo

Pais dramaticamente emotivos são os mais infantis entre os quatro tipos. Eles dão a impressão de que precisam ser vigiados e tratados cuidadosamente. Qualquer coisa pode transtorná-los, então, todos na família lutam para acalmá-los. Quando colapsam, os pais dramaticamente emotivos arrastam seus filhos para sua crise pessoal. Os filhos vivenciam seu desespero, fúria ou ódio em toda a sua intensidade. Não surpreende que todos na família se sintam como se pisassem em ovos. A instabilidade emocional desses pais é o que há de mais previsível neles.

Na extremidade grave do espectro, esses pais são doentes mentais. Eles podem ser psicóticos ou bipolares, ou ter transtorno de personalidade narcisista ou borderline. Às vezes, sua emocionalidade desenfreada pode levar até a tentativas de suicídio ou a agressões físicas aos outros. As pessoas ficam nervosas perto deles, pois suas emoções se intensificam rapidamente e é amedrontador ver alguém próximo ficar tão desatinado. Ameaças de suicídio são especialmente apavorantes para as crianças, que sentem o fardo esmagador de tentar manter a mãe ou o pai vivo, mas não sabem o que fazer. No extremo mais brando do espectro, a instabilidade emocional é o problema maior, talvez em forma de transtorno de personalidade histriônica ou ciclotímica, caracterizado por episódios intermitentes de altos e baixos psicológicos.

Seja qual for a gravidade, todos os pais desse tipo têm dificuldade para tolerar o estresse e a excitação emocional. Eles perdem o equilíbrio emocional e o controle comportamental em situações que adultos maduros conseguem administrar. Naturalmente, o abuso de substâncias psicoativas pode deixá-los ainda mais desequilibrados e incapazes de tolerar qualquer frustração ou sofrimento. Seja qual for seu grau de autocontrole, esses pais, regidos pelas emoções, veem o mundo em preto e branco, contabilizam tudo, guardam rancor e controlam os outros com táticas emocionais. Suas mudanças de humor e reatividade os tornam instáveis e intimidantes. E embora possam agir com impotência e geralmente se considerem vítimas, a vida em família sempre gira em torno de seu temperamento oscilante. Embora frequentemente se controlem fora da família, onde podem seguir um papel estruturado, no calvário das relações familiares íntimas eles demonstram toda sua impulsividade, especialmente quando estão sob o efeito de substâncias psicoativas. É chocante ver que nada os detém.

Muitas crianças com pais desse tipo aprendem a se subjugar aos desejos alheios (Young e Klosko, 1993). Como crescem prevendo as tempestades emocionais do pai ou da mãe, elas podem ficar excessivamente atentas aos sentimentos e flutuações de humor das outras pessoas, frequentemente em detrimento de si mesmas.

## A História de Brittany

Embora Brittany tivesse mais de 40 anos e vivesse com independência, sua mãe, Shonda, ainda tentava controlá-la usando como arma suas emoções. Certa vez, quando Brittany estava doente e acamada há vários dias, a ansiedade de Shonda foi aumentando a ponto de ela telefonar cinco vezes para a filha em um só dia. Ela também foi à casa da filha para fazê-la sair da cama, embora Brittany houvesse pedido para a mãe não ir. Por fim, Brittany trancou a porta de tela para impedir a entrada de Shonda. Posteriormente, Shonda lhe disse: "quando você me deixou de fora, fiquei com tanta raiva que me deu vontade de derrubar sua porta!". Quando confrontada por seu intrometimento, Shonda fingiu estar magoada e se justificou dizendo: "eu só queria saber se você havia melhorado". Mas, na verdade, sua preocupação básica era com os próprios sentimentos, não com o que Brittany precisava.

## O pai ou mãe compulsivo

Pais compulsivos são o tipo que aparenta ser mais normal, mesmo que se envolvam demais nas vidas dos filhos. Como são compulsivos, estão sempre focados em resolver as coisas. Enquanto pais dramaticamente emotivos têm uma imaturidade óbvia, os pais compulsivos parecem tão empenhados no êxito dos filhos que é difícil detectar seu egocentrismo. Na maior parte do tempo, ninguém nota que há algo nocivo neles. No entanto, seus filhos podem ter problemas com iniciativa ou autocontrole.

Paradoxalmente, esses pais muito envolvidos e empenhados, frequentemente acabam fazendo as crianças ficarem desmotivadas e até deprimidas.

Se olhar de maneira mais atenta, é possível detectar a imaturidade emocional nessas pessoas íntegras e responsáveis. Isso fica evidente em suas suposições sobre outras pessoas, pois esperam que todos queiram e valorizem as mesmas coisas que elas. Seu egocentrismo excessivo se manifesta como uma convicção de que sabem o que é "bom" para os outros.

Eles não sentem insegurança em um nível consciente e preferem fingir que tudo está arranjado e que já têm as respostas.

Em vez de aceitar os interesses e caminhos de vida de seus filhos, eles elogiam seletivamente e pressionam por aquilo que querem ver. Sua interferência frequente nas vidas dos filhos é lendária. Além disso, sua preocupação em comandar tudo os impulsiona como um motor. Metas têm precedência sobre os sentimentos alheios, inclusive de seus filhos.

Pais compulsivos geralmente cresceram em um ambiente emocionalmente difícil. Eles aprenderam a se virar por conta própria, em vez de contar com apoio. Frequentemente, alcançaram o êxito por mérito próprio e se orgulham de sua independência. Eles temem que seus filhos os embaracem por não ter êxito, mas não conseguem oferecer a aceitação incondicional que seria uma base segura para os filhos perseverarem e terem êxito.

Seja de propósito ou não, pais compulsivos fazem os filhos se sentirem constantemente avaliados. Um exemplo é um pai que obriga as crianças a fazerem exercícios de piano em sua presença para que ele possa apontar seus erros. Esse tipo de supervisão excessiva e frequente irrita as crianças a ponto de desistirem de pedir ajuda aos adultos para qualquer coisa. Em consequência, na vida adulta eles podem resistir a se conectar com potenciais mentores.

Com a certeza de que sabem a melhor maneira de fazer as coisas, pais compulsivos, às vezes, fazem coisas absurdas. Uma mãe insistia em ir à casa de sua filha adulta para pagar suas contas, pois, tinha certeza de que ela não fazia isso direito. Outra mãe comprou um carro usado de surpresa para seu filho adulto e ficou magoada quando ele disse que não queria esse presente. E havia um pai que fazia seu filho jovem se pesar todo dia diante dele, quando o rapaz engordou.

Ao rememorar os estudos sobre apego infantil (Ainsworth, Bell e Stayton, 1971, 1974) descritos no início deste capítulo, você verá que pais compulsivos são semelhantes a algumas mães emocionalmente insensíveis de bebês com apego inseguro. Fora de sincronia com a experiência da criança a cada momento, eles não se adaptam às necessidades dela e a impulsionam para o que acham que ela deveria estar fazendo. Em consequência, as crianças de pais compulsivos sempre sentem que deveriam estar fazendo mais ou algo diferente do que estejam fazendo.

## A História de John

Embora tivesse 21 anos, John passava bastante tempo com os pais e não se sentia no comando de sua vida, e disse o seguinte a respeito de sua mãe: "estou constantemente em seu radar".

John se sentia tão pressionado pelas expectativas de seus pais em relação a ele que perdeu toda a confiança em suas ideias para o futuro.

Ele até explicou: "Eu me preocupo tanto com o que eles esperam de mim que não tenho ideia do que quero. Fico apenas tentando manter meus pais felizes e sem pegar no meu pé". Isso ficou bem evidente em umas férias em família, quando John sentiu que o pai ficava raivoso se ele não estivesse se divertindo. Os pais de John estavam tão envolvidos em sua vida que ele temia definir quaisquer metas, pois eles o pressionariam ainda mais em relação ao que ele precisaria fazer posteriormente. Eles estavam aniquilando sua iniciativa, sempre o instigando a fazer ou se empenhar um pouco mais. Em um nível consciente, eles queriam o melhor para John, mas eram incapazes de respeitar e fomentar sua autonomia.

## A História de Christine

Christine era uma advogada cujo pai, Joseph, era muito dominador. Ele a pressionava constantemente para ter êxito. No início de nosso trabalho em conjunto, ela descreveu assim sua infância: "Meu pai me controlava e achava intolerável que qualquer pessoa tivesse uma opinião diferente. Eu tinha medo de fazer a escolha errada porque tomava muitas decisões baseadas no medo. Era como se meu pai fosse meu dono. Até nos tempos da faculdade eu tinha de chegar em casa no máximo às 23 horas, o que era extremamente embaraçoso, mas nem em sonhos eu ousaria desafiá-lo".

Joseph tentava controlar até os pensamentos da filha. Se Christine tivesse uma ideia da qual seu pai não gostasse, sua resposta era imediata: "Nem pense nisso!".

Joseph também não tinha empatia, o que o tornava um péssimo professor. Como não percebia o que podia ser apavorante para uma criança, ele tentou ensinar Christine a nadar jogando-a literalmente em uma piscina. Conforme Christine comentou, "ele me comandava para fazer bem as coisas, mas não dava nenhuma orientação ou ajuda. Ele simplesmente me ordenou a ser um sucesso". Aparentemente, ela se tornou um sucesso, mas internamente sentia uma enorme insegurança, como se não soubesse de fato o que estava fazendo.

## O pai ou mãe passivo

Pais passivos não são raivosos nem controladores como os outros três tipos, mas exercem efeitos negativos. Eles se submetem passivamente a personalidades dominantes e, muitas vezes, se juntam a tipos mais intensos e também imaturos, o que faz sentido já que pessoas com níveis semelhantes de maturidade emocional se atraem (Bowen, 1978).

Em comparação com os outros tipos, esses pais parecem mais disponíveis emocionalmente, mas só até certo ponto. Quando as coisas ficam intensas demais, eles se tornam passivos, desligados emocionalmente e escondem a cabeça na areia. Eles não dão limites reais nem orientação para ajudar os filhos a se guiarem no mundo. Eles podem amar você, mas não conseguem ajudá-lo.

Pais passivos são tão imaturos e egoístas quanto os outros tipos, mas seu jeito flexível e brincalhão os torna mais amados do que os tipos emotivo, compulsivo ou rejeitador. Frequentemente, eles são os favoritos das crianças e podem ter alguma empatia por elas, desde que isso não atrapalhe as próprias necessidades. E como podem ser tão egocêntricos quanto os outros tipos, os pais passivos podem usar os filhos para suprir as próprias necessidades emocionais – basicamente sua necessidade de ser o foco da atenção afetuosa de alguém. Eles gostam da inocente abertura infantil e podem entrar no nível da criança de maneira adorável. A criança adora ficar com esse pai ou mãe. Mas, como a criança frequentemente está suprindo a necessidade parental de uma companhia atenciosa e que o admire, isso se torna uma espécie de incesto emocional. Esse tipo de relacionamento nunca é totalmente confortável para a criança, pois implica o risco de deixar o outro pai ou mãe com ciúmes e pode até parecer sexualizado.

As crianças têm a sabedoria de não esperar nem pedir muita ajuda a esses pais. Embora pais passivos frequentemente apreciem os filhos, se divirtam com eles e façam se sentirem especiais, as crianças sentem que eles não estão realmente ali para elas de maneira essencial. De fato, esses pais são famosos por fazer vista grossa a situações danosas aos filhos, deixando as crianças se defenderem sozinhas. Quando a mãe é passiva e não tem uma renda própria, ela pode ficar com um parceiro que avilta ou abusa das crianças. Tais mães frequentemente ficam insensíveis ao que está acontecendo ao seu redor. Por exemplo, uma mãe referiu-se posteriormente aos ataques violentos do marido a seus filhos dizendo apenas: "às vezes, papai era durão".

Pais passivos frequentemente aprenderam na infância a ficar longe da linha de tiro, mantendo a discrição e se subjugando a personalidades mais fortes. Como adultos, não lhes ocorre que sua missão não seja apenas se divertir com os filhos, mas protegê-los. Lamentavelmente, eles entram em uma espécie de transe durante os piores momentos, retraindo-se ou achando outras maneiras passivas de atravessar a tormenta.

Além de abandonar irrefletidamente seus filhos quando a situação se agrava, esses pais podem abandonar a família se surgir a chance de uma vida mais feliz. Se o pai passivo, porém mais conectado emocionalmente, abandona a família por qualquer motivo, a criança pode ficar com uma ferida muito profunda, pois o abandono foi por parte da pessoa mais importante para ela.

Crianças que adoravam um pai ou mãe passivo podem se tornar adultos que dão justificativas para o comportamento negligente de outras pessoas. Na infância, eles acreditavam que não havia nada a fazer para melhorar sua situação e que o pai ou mãe passivo era verdadeiramente impotente. Frequentemente, eles ficam confusos com a ideia de que seu pai ou mãe maravilhoso tinha a responsabilidade de se posicionar a favor deles quando não podiam se proteger. Eles nunca consideraram que os pais tinham o dever de colocar o bem-estar emocional dos filhos pelo menos em pé de igualdade com os próprios interesses.

## A História de Molly

A mãe de Molly tinha pavio curto, era fisicamente abusiva, cumpria um expediente longo no trabalho e geralmente chegava em casa de péssimo humor. Seu pai era doce, afetuoso e calmo na maior parte do tempo. Nas horas vagas, ele gostava de ficar se distraindo na garagem, então, Molly era cuidada principalmente por sua irmã mais velha e abusiva, que sempre a tratava mal.

O porto seguro de Molly era seu pai. Sua bondade era a única luz e fonte de amor em sua vida, e ela o idolatrava e sentia que devia protegê-lo. Nunca ocorreu a ela que ele deveria protegê-la. Por exemplo, certa vez, quando sua mãe ficou furiosa e estava batendo em Molly num canto, ela ouviu seu pai batendo panelas na cozinha. Ela interpretou isso como um sinal de que ele estava ali para protegê-la, mesmo sabendo que ele não viria para deter o abuso. Esse é um exemplo tocante de como crianças com privação emocional tentam ver algo positivo no comportamento do pai ou mãe que é seu favorito, apesar de todos os pesares.

Molly também tinha um pouco de gagueira e, certa vez, em um parque de diversões, sua irmã e os amigos dela zombaram tanto disso que ela ficou histérica. Seu pai também riu muito, ao invés de repreender as crianças mais velhas ou consolar Molly. Durante a volta para casa, todos riam ruidosamente, enquanto se revezavam imitando a gagueira da menina.

## O pai ou mãe rejeitador

Pais rejeitadores parecem ter um muro ao seu redor. Eles não querem perder tempo com os filhos e parecem mais felizes se os outros os deixam em paz para fazer o que querem. Os filhos sentem que os pais ficariam bem se eles não existissem. O comportamento irritadiço desses pais ensina aos filhos que fiquem longe deles, algo que uma pessoa descreveu como correr em direção a alguém enquanto essa pessoa bate a porta na sua cara. Eles rejeitam sumariamente as tentativas de atraí-los para interações afetuosas ou emocionais. Se pressionados a responder, podem ficar com raiva ou até abusivos e são capazes de desferir ataques físicos punitivos.

Pais rejeitadores também são os menos empáticos entre os quatro tipos. Frequentemente, eles evitam o contato visual para sinalizar sua aversão à intimidade emocional e, às vezes, ficam com uma expressão impassível ou um olhar hostil para que os outros se afastem.

Esses pais regem a casa e a vida em família em torno de seus desejos. Um exemplo notório desse tipo é o pai arredio e assustador – um homem sem a menor simpatia emocional por seus filhos. Tudo gira em torno dele e, instintivamente, a família tenta não o incomodar. Com um pai assim, é fácil ter vontade de pedir desculpas por existir. Mas não apenas o pai como também a mãe pode agir dessa maneira, rejeitando os filhos.

Crianças cujos pais são tóxicos a esse grau passam a se considerar incômodas e irritantes, de modo que desistem facilmente, ao passo que crianças mais seguras tendem a continuar pedindo ou reclamando para conseguirem o que desejam. Isso pode ter ramificações no futuro, pois, na vida adulta, essas crianças rejeitadas acharão difícil pedir o que precisam.

## A História de Beth

Rosa, a mãe de Beth, nunca demonstrou o menor entusiasmo em estar com ela. Quando Beth a visitava, Rosa se esquivava dos abraços e imediatamente fazia alguma crítica à aparência da filha. Geralmente, assim que Beth chegava, ela lhe pedia para ligar para um parente como se fosse para redirecioná-la para outro lugar. Quando Beth sugeria que passassem mais tempo juntas, Rosa se irritava e dizia que a filha era dependente demais. Quando telefonava para a mãe, qualquer coisa que Beth dissesse sempre era interrompida e Rosa achava rapidamente uma desculpa para desligar ou passava o telefone para o marido.

------

## Exercício: Determinando o tipo do seu pai ou mãe

Para avaliar em qual desses quatro tipos seu pai ou mãe se encaixa, leia as listas a seguir e marque as características que você associa a ele ou ela, tendo em mente que pais de qualquer tipo podem exibir traços dos outros tipos quando estão muito estressados. Características de imaturidade emocional comuns em todos os tipos incluem egocentrismo, pouca empatia, desrespeito por limites, resistência à intimidade emocional, comunicação ruim, falta de autorreflexão, recusa para sanar problemas de relacionamento, reatividade emocional, impulsividade e problemas para manter a proximidade emocional.

Caso queira fazer essa avaliação para ambos os pais, ou para o padrasto ou a madrasta, leia a versão desse exercício disponível nos anexos do livro.

## Pai ou mãe dramaticamente emotivo

- Só se preocupa com as próprias necessidades.
- Tem pouca empatia.
- É enredado e não respeita os limites.
- Rejeita a intimidade.

- Não se envolve em diálogos; conversa apenas sobre si mesmo.
- Não é autorreflexivo.
- É inábil para restaurar relacionamentos.
- É reativo, não ponderado.
- É demasiado próximo ou distante.
- Explode ou rompe com os outros.
- Sua intensidade emocional é assustadora ou intimidante.
- Espera que os filhos o confortem e não pensa nas necessidades deles.
- Gosta de fingir que não rouba a cena.
- Considera-se uma vítima.

## Pai ou mãe compulsivo

- Só se preocupa com as próprias necessidades.
- Tem pouca empatia.
- É enredado e não respeita os limites.
- Rejeita a intimidade.
- Não se envolve em comunicação recíproca; conversa apenas sobre si mesmo.
- Não é autorreflexivo.
- É inábil para restaurar relacionamentos.
- É reativo, não ponderado.
- É demasiado próximo ou distante.
- Tem valores rígidos e expectativas perfeccionistas.
- É obcecado com metas, ocupado e tem uma visão maquinal afunilada.
- Vê o filho ou a filha como um reflexo, sem considerar o que a criança quer.
- Gosta de estar no comando de tudo.
- Considera-se alguém que resolve problemas e faz as coisas acontecerem.

## Pai ou mãe passivo

- Só se preocupa com as próprias necessidades.
- Tem empatia limitada.
- É enredado e não respeita os limites.
- Às vezes, pode ser íntimo emocionalmente.

- Envolve-se minimamente em comunicação recíproca; fala principalmente sobre si mesmo.
- Não é autorreflexivo
- Tem pouca habilidade para restaurar relacionamentos.
- Pode ser ocasionalmente atencioso.
- É demasiado próximo ou distante.
- Pode ser gentil e divertido, mas não protetor.
- Tem uma postura displicente de que tudo está bem.
- É afetuoso com a criança, mas não se posiciona a favor dela.
- Prefere que outra pessoa comande o show ou seja o vilão.
- Acha que é suave e bondoso.

## Pai ou Mãe rejeitador

- Só se preocupa com as próprias necessidades.
- Não demonstra a menor empatia.
- Tem limites impenetráveis.
- Parece desconectado e hostil.
- Raramente se envolve na comunicação.
- Não é autorreflexivo.
- Não tem habilidade para restaurar relacionamentos.
- É reativo, agressivo e aviltante.
- É demasiado distante.
- Ignora ou é raivoso com a criança.
- Frequentemente rejeita os filhos e fica bravo.
- Vê o filho ou a filha como um incômodo e não quer ficar perto da criança.
- Gosta de zombar e menosprezar.
- Acha que é independente dos outros.

## Resumo

Todos os quatro tipos de pais com imaturidade emocional são egoístas, insensíveis e, portanto, emocionalmente indisponíveis para os filhos. Sua falta de empatia dificulta a comunicação e a conexão entre pais e filhos. Todos têm medo de emoções genuínas e buscam controlar os outros para o próprio conforto. Nenhum deles faz seus filhos se sentirem emocionalmente notados. É extenuante estar perto deles e, em última instância, todas as interações giram ao seu redor. Além disso, todos são incapazes de manter reciprocidade interpessoal.

Embora haja quatro tipos gerais de mães ou pais emocionalmente imaturos, seus filhos tendem a se enquadrar em duas categorias principais: internalizadores e externalizadores. No próximo capítulo, abordaremos esses dois estilos bem diferentes de enfrentamento.

# Capítulo 5

# Como filhos diferentes reagem a pais emocionalmente imaturos

Quando pais imaturos não se envolvem emocionalmente nem dão atenção e afeição suficientes, seus filhos passam a ter fantasias de cura sobre como suas necessidades emocionais insatisfeitas serão preenchidas no futuro. Eles também tentam achar um papel especial na família, criando aquilo que denomino de falso eu.

O falso eu visa obter algum tipo de atenção do pai ou mãe preocupado. Vamos começar este capítulo analisando as fantasias de cura e falsos eus, então, exploraremos dois estilos de enfrentamento usados pelas crianças para lidar com a negligência emocional: internalizar ou externalizar.

Lamentavelmente, nenhum estilo de enfrentamento permite que uma criança desenvolva plenamente seu potencial. Em razão do egocentrismo parental, essas crianças podem sentir que seus verdadeiros eus não são suficientes para envolver os pais. Em consequência, elas começam a acreditar que a única maneira de serem notadas é se tornando diferentes do que realmente são.

Infelizmente, o verdadeiro eu, que consiste nas aptidões inatas e sentimentos genuínos de uma criança, fica em posição secundária em relação ao que parece necessário para assegurar um lugar na família. Embora ainda exista sob a superfície, o verdadeiro eu, frequentemente, é esmagado pelas regras familiares que priorizam as necessidades parentais.

No Capítulo 7, examinaremos o que acontece quando o verdadeiro eu subjacente ressurge e desperta as pessoas para seus verdadeiros sentimentos e potencial pleno. Mas, por ora, vamos nos ater a como fantasias de cura e papéis familiares afetam às pessoas na infância e na vida adulta.

## As origens das fantasias de cura

Ter pais imaturos força as crianças a se ajustarem às limitações emocionais deles. As crianças reagem de várias maneiras a um pai ou mãe emocionalmente imaturo, tentando ser notadas, cuidadas e envolvidas. Mas a única coisa que todas as crianças privadas emocionalmente têm em comum é a fantasia de que algum dia conseguirão o que precisam.

As crianças tentam entender o mundo inventando uma história que explique sua vida. Elas imaginam o que as faria se sentir melhor e criam o que eu denomino fantasia de cura – uma história esperançosa sobre o que as fará verdadeiramente felizes algum dia.

Frequentemente, as crianças acham que a cura para o sofrimento e a solidão emocional reside em achar uma maneira de transformar a si mesmas e as outras pessoas em algo diferente do que realmente são. Todas as fantasias de cura têm esse tema. Portanto, a fantasia de cura de todos começa com: "se pelo menos"... Por exemplo, as pessoas podem achar que seriam amadas se pelo menos fossem mais desprendidas ou atraentes, ou se achassem um parceiro sensível e desprendido. Ou acham que sua vida seria curada caso se tornassem famosas, extremamente ricas ou fossem temidas pelas outras pessoas. Lamentavelmente, a fantasia de cura é uma solução criada por mentes infantis, de modo que não se enquadra nas realidades adultas.

Mas seja qual for a fantasia de cura de uma criança, ela lhe dá otimismo para suportar uma criação sofrida na esperança de ter um futuro melhor. Muitas pessoas sobrevivem dessa maneira a uma infância infeliz. A fantasia esperançosa de que algum dia sejam amadas e bem cuidadas as mantêm tocando a vida.

## Como fantasias de cura afetam relacionamentos adultos

Ao entrar na vida adulta, esperamos secretamente que os relacionamentos mais próximos realizem nossas fantasias de cura. Nossas expectativas subconscientes em relação às outras pessoas vêm direto desse mundo da fantasia infantil. Nós acreditamos que, se mantivermos essas fantasias pelo tempo necessário, mudaremos as pessoas.

Podemos achar que nossa solidão emocional finalmente será curada por um parceiro que sempre pense primeiro em nossas necessidades, ou por um amigo que nunca nos decepcione. Frequentemente, essas fantasias inconscientes são muito autossabotadoras.

Por exemplo, uma mulher acreditava secretamente que se pelo menos pudesse fazer seu pai deprimido feliz, finalmente se libertaria da própria vida para fazer o que queria. Ela não percebia que já era livre para viver a própria vida, mesmo que seu pai continuasse infeliz.

Outra mulher tinha certeza de que conseguiria o tipo de amor que ansiava de seu marido se fizesse tudo o que ele queria. Quando ele não lhe dava a atenção esperada, ela ficava furiosa. Sua raiva encobria a ansiedade que sentia ao perceber que sua fantasia de cura não estava funcionando, por mais esforços que fizesse. Desde a infância, ela alimentava a certeza de que poderia ser amada se fosse uma pessoa "boa".

Geralmente, não temos noção de que estamos tentando impingir a fantasia de cura sobre alguém, mas isso fica evidente ao submetermos as pessoas a pequenos testes de amor. E é mais fácil para uma pessoa de fora ver o quanto a fantasia é irrealista. Uma terapia de casal bem-sucedida frequentemente envolve expor como as pessoas, em virtude das suas fantasias de cura, tentam obrigar os parceiros a lhes dar a infância carinhosa que sempre desejaram.

## Desenvolvendo um falso eu

Se seus pais ou cuidadores não reagem adequadamente ao seu verdadeiro eu na infância, você tentará descobrir o que precisa fazer para criar uma conexão. Em vez de ser você mesmo, desenvolverá um falso eu ou pseudo eu (Bowen, 1978), que lhe dará um lugar seguro no núcleo familiar. Esse falso eu substitui gradualmente a expressão espontânea do verdadeiro eu.

O falso eu pode se basear em um crença, a exemplo de "vou me autossacrificar tanto que as outras pessoas irão me elogiar e amar". Ou ele pode assumir a forma negativa de "vou fazê-los prestarem atenção em mim, custe o que custar".

O processo de assumir um falso eu é inconsciente; ninguém resolve fazer isso deliberadamente. Nós criamos nossos falsos eus gradualmente, por meio de tentativas e erros e observando as reações dos outros. Independentemente de o falso eu parecer positivo ou negativo, na infância ele nos parece a melhor maneira para pertencer.

Depois, já adultos, tendemos a continuar representando nosso papel na esperança de que alguém preste atenção em nós da maneira que desejávamos por parte de nossos pais.

Podemos indagar por que todas as crianças não inventam falsos eus maravilhosamente positivos, já que tantas pessoas representam papéis marcados pelo fracasso, raiva, transtorno mental, volatilidade emocional ou outras formas de tormento. Uma resposta é que nem toda criança tem os recursos internos para ser bem-sucedida e autocontrolada nas interações com os outros. A genética e a neurologia de algumas crianças as impelem para a reatividade impulsiva, em vez de ações construtivas.

Outra razão para o surgimento de falsos eus negativos é que pais imaturos, muitas vezes, usam subconscientemente crianças distintas na família para expressar aspectos não resolvidos do próprio falso eu e de suas fantasias de cura.

Por exemplo, uma criança pode ser idealizada como a perfeita e mimada, ao passo que outra é rotulada como incompetente, pois sempre cria problemas e precisa de ajuda.

## Como os pais influenciam o desenvolvimento do falso eu

A fim de ter um papel seguro como o eixo central na vida dos filhos, uma mãe insegura reforça os temores de uma criança pegajosa e ansiosa, a qual acaba assumindo um falso eu. Inconscientemente, essa mãe busca sentir que, por fim, alguém realmente precisa de mim. Outro exemplo é um pai com sentimentos mal resolvidos de inadequação que menospreza o filho, a fim de se sentir forte e capaz em comparação a ele: (Eu sou o competente que tem de corrigir os outros.) Ou, talvez, ambos os pais façam vista grossa à própria raiva e egocentrismo subjacentes e vejam esses traços no filho ou filha: "Nós somos pais amorosos, mas ele é genioso e desrespeitoso". Poucos pais pretendem conscientemente minar o futuro dos filhos, mas suas ansiedades podem levá-los a ver as próprias características negativas indesejadas nos filhos (Bowen, 1978). Essa é uma poderosa reação defensiva psicológica que está além de seu controle consciente.

Se achou um papel na infância que se encaixava nas necessidades parentais como uma chave na fechadura, provavelmente, se identificou com seu falso eu.

No processo de se transformar no que o sistema familiar precisava, seu verdadeiro eu se apagou. Esse tipo de afastamento em relação ao verdadeiro eu pode sabotar seus relacionamentos íntimos na vida adulta, pois não se pode construir um relacionamento satisfatório e profundo a partir de um falso eu.

É preciso expressar suficientemente o verdadeiro eu para dar algo real à pessoa com a qual nos relacionamos. Sem isso, o relacionamento é apenas uma representação a cargo de dois falsos eus.

Outro problema com o falso eu é que, como não tem uma fonte de energia, tem de roubar a vitalidade do verdadeiro eu. Representar um papel é muito mais cansativo do que ser apenas você mesmo, pois ser quem você é não requer um esforço imenso. E como é fabricado, o falso eu é inseguro e teme ser desmascarado como um impostor.

Representar um falso eu geralmente não funciona em longo prazo, pois não é possível esconder para sempre as verdadeiras propensões de uma pessoa. Mais cedo ou mais tarde, suas necessidades genuínas aflorarão. Quando decidem abandonar o papel e viver mais de acordo com seu verdadeiro eu, as pessoas vão em frente com maior leveza e vitalidade.

## Exercício: Identificando sua fantasia de cura e o falso eu

Pegue duas folhas de papel para fazer esse exercício. No topo de uma delas, escreva "Fantasia de cura", e no da outra "Falso eu".

A primeira parte desse exercício o ajudará a explorar e a identificar sua fantasia de cura. No topo da folha da "Fantasia de cura", copie e complete as frases a seguir. Não pense demais, apenas escreva o que vier à cabeça imediatamente.

- Eu queria que as outras pessoas fossem mais...
- Por que é tão difícil para as pessoas...?

- Para variar, adoraria que alguém me tratasse como...
- Talvez um dia desses eu encontre alguém que irá...
- Em um mundo ideal com pessoas boas, outras pessoas iriam...

Agora, vamos usar um processo semelhante para ajudá-lo a descobrir seu falso eu. Na folha do "Falso eu", copie e complete as frases a seguir, escrevendo o que vier primeiro à cabeça.

- Eu me esforço muito para ser...
- As pessoas gostam de mim principalmente porque eu...
- Outras pessoas não apreciam o quanto eu...
- Eu sempre tenho que ser a pessoa que...
- Eu tenho tentado ser o tipo de pessoa que...

Após completar as frases, use as palavras e ideias em suas respostas para escrever uma descrição curta de sua fantasia de cura e outra do eu forjado por seu papel. Essas descrições revelarão suas ideias secretas sobre como as outras pessoas deveriam mudar a fim de valorizá-lo e como imagina que deve se comportar para ser amado.

Por fim, escreva um resumo curto sobre como é tentar fazer os outros mudarem e representar o falso eu que você descreveu nesse exercício.

Você quer manter essas fantasias e papéis ou está pronto para explorar e expressar sua verdadeira individualidade? Se estiver pronto para viver mais de acordo com seu verdadeiro eu, o restante deste livro poderá ajudá-lo.

---

## Dois estilos de enfrentar pais emocionalmente imaturos

Fantasias de cura e falsos eus são tão únicos quanto as crianças que os inventam. Mas, em geral, as crianças cujos pais são emocionalmente imaturos lidam com a privação emocional internalizando ou externalizando seus problemas. As crianças internalizadoras acham que cabe a elas mudar as coisas, ao passo que as externalizadoras esperam que os outros façam isso por elas. Em certas circunstâncias, uma criança pode ter ambas as crenças, mas a maioria das crianças basicamente adota um ou outro estilo de enfrentamento, enquanto luta para ter suas necessidades atendidas.

Provavelmente, o estilo adotado tem mais a ver com a personalidade e constituição de cada pessoa do que com escolha. E, em última instância, ambos os estilos são uma tentativa de ter as necessidades atendidas. Ao longo da vida, as pessoas podem ter fases em que são mais internalizadoras ou externalizadoras, mas sua natureza básica fará com que se inclinem mais para uma maneira do que para a outra. No entanto, o ideal é equilibrar essas duas abordagens, de maneira que os internalizadores aprendam a buscar ajuda externa e os externalizadores aprendam a se ver internamente para se controlar.

## Internalizadores

Os internalizadores são mentalmente ativos e adoram aprender coisas. Eles tentam resolver problemas sendo autorreflexivos e aprendendo com seus erros. São sensíveis e tentam entender causa e efeito. Como veem a vida como uma oportunidade para se desenvolver, têm prazer em se tornar mais competentes. Eles acreditam que podem fazer as coisas melhor se empenhando mais e assumem instintivamente a responsabilidade de resolver problemas sozinhos. Suas principais fontes de ansiedade são sentir culpa quando desagradam os outros e o temor de ser desmascarados como impostores. Sua maior armadilha nos relacionamentos é se autossacrificarem demais e, então, ficarem ressentidos com o quanto fazem pelos outros.

## Externalizadores

Os externalizadores agem sem pensar. Eles são reativos e fazem as coisas impulsivamente para descarregar logo a ansiedade. Tendem a não ser autorreflexivos e culpam outras pessoas e as circunstâncias, ao invés de admitir seus erros. Eles acham que a vida é um processo de tentativas e erros, mas raramente usam seus erros como lição para fazer melhor no futuro. Firmemente apegados à noção de que as coisas precisam mudar no mundo exterior para que sejam felizes, eles acreditam que se as outras pessoas dessem o que eles querem, seus problemas estariam resolvidos. Seu estilo de enfrentamento frequentemente é tão autossabotador e disruptivo que outras pessoas têm de se adiantar para consertar os danos causados por suas ações impulsivas.

Os externalizadores acham que as pessoas competentes devem ajudá-los e tendem a acreditar que é injusto quando coisas boas acontecem com outras pessoas.

Quanto à autoimagem, eles têm pouca autoconfiança ou um senso inflado de superioridade. Eles dependem de fontes externas para se acalmar, o que os torna propensos ao abuso de substâncias psicoativas, relacionamentos viciosos e muitas formas de gratificação imediata. Sua maior ansiedade é com a possível perda das fontes externas das quais depende sua segurança.

Seus maiores problemas de relacionamento incluem ter atração por pessoas impulsivas e depender excessivamente do apoio e estabilidade alheios.

## Entendendo a visão de mundo do externalizador

É difícil saber qual estilo de enfrentamento é pior. Os internalizadores sofrem mais conscientemente, mas sua tendência para se culpar tem o lado bom de atrair a tranquilização e o apoio das pessoas. Em contraste, os externalizadores têm comportamentos que frequentemente exasperam e enraivecem os outros, então, quando precisam de ajuda, as pessoas tipicamente querem manter distância.

No entanto, os externalizadores geralmente continuam representando até alguém vir ajudá-los. Inversamente, os internalizadores podem sofrer em silêncio e aparentar que estão bem, mesmo quando estão desabando por dentro. Frequentemente, as pessoas não ajudam os internalizadores porque não percebem que eles precisam disso.

Este livro, provavelmente, a atrairá, sobretudo, os internalizadores, pois visa ajudar as pessoas entenderem a si mesmas e os outros, o que tipicamente não é do interesse dos externalizadores. Mesmo assim, é importante que os internalizadores entendam a visão de mundo dos externalizadores, a fim de lidar melhor com eles – especialmente porque a maioria dos pais imaturos emocionalmente são externalizadores e lutam contra a realidade, ao invés de enfrentá-la. Eles culpam o mundo exterior por seus problemas, como se a realidade estivesse errada. Se achar que isso é similar ao comportamento de uma criança pequena, você está coberto de razão.

A externalização impede que as pessoas amadureçam psicologicamente e, portanto, é associada à imaturidade emocional. Por outro lado, internalizar promove o desenvolvimento psicológico por meio da autorreflexão.

Como abordarei os internalizadores em profundidade no Capítulo 6, o restante deste capítulo discute vários aspectos da externalização.

## Externalizadores criam um ciclo vicioso de autossabotagem

Externalizar tende a suscitar castigo e rejeição. Ao contrário dos internalizadores bem-comportados, os externalizadores agem movidos por sua ansiedade, sofrimento ou depressão. Eles fazem coisas impulsivas para se desviar de seus problemas imediatos. Embora possa ajudá-los a se sentir melhor temporariamente, isso gera mais problemas a seguida.

Quando têm de encarar as consequências de sua impulsividade, os externalizadores são suscetíveis a ter sentimentos fortes, porém passageiros, de vergonha e fracasso. No entanto, geralmente usam a negação para evitar a vergonha, ao invés de pensar sobre como poderiam mudar. Isso os joga em um ciclo vicioso de impulsividade, seguido por sentimentos de fracasso que geram ainda mais impulsividade.

Em consequência, os externalizadores constantemente têm rompantes breves de baixa autovalorização e senso de maldade. Para evitar o ódio total de si mesmos, eles se livram da vergonha culpando os outros e inventando justificativas. Essa estratégia não lhes granjeia muita simpatia – exceto por parte de outros externalizadores –, de modo que frequentemente acabam sem obter o apoio emocional que buscavam.

## Externalizadores buscam soluções fora de si mesmos

Os externalizadores não amadurecem nem aprendem com seus erros, pois expelem o estresse assim que ele começa. Acreditando que seus problemas precisam ser resolvidos por outra pessoa, eles esperam que os outros os façam se sentir melhor, às vezes com uma ponta de ressentimento por não ter sido ajudados com mais rapidez. Eles parecem estar sempre procurando uma fonte externa de energia para se ligar, ao passo que os internalizadores já vêm com suas pilhas inclusas. Naturalmente, às vezes, os internalizadores precisam de uma recarga, mas não empurram seus problemas para outras pessoas.

Caso não seja detectado logo, um estilo externalizador de enfrentamento desde o início da infância resulta em imaturidade emocional. A maioria dos pais emocionalmente imaturos tem um estilo externalizador de enfrentamento. Como estão sempre olhando para fora de si mesmos para se sentir melhor, os externalizadores não se esforçam para aumentar seu autocontrole.

Eles ficam esmagados pelas emoções e negam a gravidade de seus problemas ou culpam outras pessoas. Os externalizadores acham que a realidade deveria se adaptar a seus desejos, ao passo que pessoas mais maduras lidam com a realidade e se adaptam a ela (Vaillant, 2000).

Externalizar para as crianças gera dependência e enredamento emocionais com a dinâmica parental (Bowen, 1978). Além disso, pais emocionalmente imaturos podem favorecer uma criança externalizadora, pois isso os distrai dos próprios problemas irresolvidos. Quando lidam com uma criança fora de controle, os pais não têm tempo de pensar em seu próprio sofrimento no passado. Eles assumem o falso eu do pai ou da mãe forte que ajuda uma criança fraca e dependente.

Embora crianças externalizadoras frequentemente tenham problemas comportamentais, impulsividade, volatilidade emocional e até vícios, essas maneiras de agir têm a vantagem de expor sua angústia. Ao contrário do que ocorre com os internalizadores, seu sofrimento é percebido, mas pode ser mal interpretado como provocação, oposição ou confusão sem sentido.

## A sequência contínua de gravidade da externalização

A externalização ocorre em uma sequência contínua de gravidade. No ponto extremo estão os sociopatas, predadores que veem os outros como potenciais alvos de exploração, sem a menor consideração por seus direitos ou sentimentos. Externalizadores mais brandos ou mais calmos se parecem com os internalizadores, pois não são tão confrontadores, mas podem ser identificados por sua crença de que os outros deveriam mudar. Dito isso, os externalizadores mais brandos podem ser receptivos ao amadurecimento e à autorreflexão quando ficam mais velhos.

Um exemplo de externalizador brando foi um homem que veio para a terapia porque perdia frequentemente o controle quando estava estressado e gritava com sua mulher e os filhos. Como foi criado em uma família rígida, na qual era surrado e humilhado quando cometia algum erro, tinha muitos exemplos para externalizar o comportamento. No entanto, como queria sinceramente melhorar as coisas em casa, ele se empenhou muito para aceitar sua mulher e as crianças como pessoas que tinham o direito de ser sensíveis e respeitadas, ao invés de reprimidas. Os externalizadores brandos podem ter muitas formas, podendo até ser confundidos com os internalizadores. Para distingui-los, basta observar se eles culpam os outros por sua infelicidade, como mostra a história a seguir.

## A História de Rodney

Aparentemente, Rodney era um internalizador empático que tentava manter todos felizes. Sua mulher, Sasha, podia dizer o que ele podia ou não fazer e tinha até poder de veto a respeito de suas atividades. Ele veio para a terapia porque estava deprimido e se sentindo perdido. Ele temia desagradar Sasha profundamente e nunca a desafiava em razão do medo de perdê-la. Embora se declarasse responsável por suas escolhas, secretamente culpava Sasha por restringir sua vida. Como um externalizador típico, ele achava que ela controlava sua felicidade e infelicidade e não se sentia livre para fazer o que queria sem sua permissão.

Rodney cresceu com uma mãe dominadora que não lhe dava muito carinho e, como adulto, ainda se via no papel de uma criança subjugada, agora por Sasha. Em uma sessão de terapia, ele se descreveu como um prisioneiro, um homem acorrentado – uma imagem altamente externalizadora!

Rodney não era tão exigente quanto muitos externalizadores, mas acreditava igualmente que as soluções para seus problemas cabiam à outra pessoa. Até começar a reconhecer essa dinâmica, continuou tão emperrado em seus problemas quanto um externalizador mais grave. Felizmente, após um tempo na terapia, Rodney enxergou o que estava fazendo e começou a se expressar. Sasha não tinha noção de que ele estava tão perturbado e simplesmente assumira o comando porque Rodney nunca havia expressado seus desejos.

## Externalizadores podem ser irmãos abusivos

Muitos pacientes meus que são internalizadores conviveram com irmãos externalizadores fora de controle. Todos esses pacientes tinham um histórico igual: um irmão ou irmã mimado e predador – fosse mais velho ou mais novo – infernizou-os na infância e os pais sempre faziam vista grossa. Quando o irmão estava entediado ou perturbado, sua vítima era a criança que se tornou minha paciente na vida adulta. Em geral, seus pais viam as crianças externalizadoras como especiais e permitiam que elas tivessem todos os tipos de mau comportamento. Em alguns casos, isso incluiu até abuso sexual, algo que meus pacientes não denunciaram porque achavam que seus pais não acreditariam, ou contaram, mas os pais defenderem o irmão abusivo.

Irmãos externalizadores também podem cometer abuso emocional, regendo a família com suas perturbações e acessos de raiva. Enquanto os internalizadores se sentiam incapazes de escapar das maldades, seus irmãos externalizadores geralmente eram deixados em paz. Pais emocionalmente imaturos frequentemente aplacam ou livram a cara de crianças externalizadoras. Muitas vezes, isso parece ser a única solução, pois os externalizadores continuam fazendo escolhas impulsivas que tornam suas vidas infernais.

Em uma família com um filho externalizador, os pais frequentemente silenciam quaisquer queixas de injustiça feitas pelo internalizador, dizendo a ele para tentar se dar bem com o irmão ou entender o problema dele. Para os pais, não vale a pena perturbar a criança que externaliza. A mensagem para os internalizadores é que deixem suas necessidades em segundo plano e foquem naquilo que o externalizador precisa.

Os externalizadores também são propensos a fazer acusações falsas de abuso, apresentando-se como a vítima injustiçada que precisa de atenção especial.

Uma mulher inocente ficou chocada quando seu irmão mais novo, um externalizador, acusou-a de abusar dele sexualmente na infância. Ela sacrificou muito sua adolescência cuidando dele quando era pequeno, pois seus pais estavam focados em um avô que tinha uma doença crônica. Essa acusação infundada de seu irmão era típica de seu padrão de apontar razões externas por não conseguir administrar a própria vida. Os pais tomaram imediatamente o partido dele, mesmo após minha paciente jurar que nada havia acontecido. Os papéis que seus pais e o irmão representavam como salvadores e vítima desafortunada eram demasiados e consolidados para que os fatos tivessem peso.

## A sequência contínua do enfrentamento: estilos mistos

Como tudo na natureza humana, as características de personalidade não ocorrem em formas puras, pois, cada uma delas existe ao longo de uma sequência contínua.

Internalizar e externalizar ocorrem em um espectro, com os exemplos mais extremos de cada caso diferindo profundamente entre si.

Sob as condições propícias, cada tipo pode demonstrar comportamentos e posturas comumente associados ao outro tipo. Por exemplo, quando chegam ao fundo do poço, os externalizadores podem ser receptivos à ideia de que precisam mudar, em vez de esperar que o mundo ajuste-se a eles. E, quando estão sob muito estresse, alguns internalizadores começam a reagir tão impulsivamente quanto qualquer externalizador.

### Externalizadores podem se tornar mais internalizadores

Em última instância, externalizar e internalizar são apenas dois aspectos de qualquer ser humano. Todos podem mostrar mais ou menos de cada estilo, dependendo das circunstâncias e do ponto em que estão na sequência contínua. Dito isso, pessoas que buscam terapia ou gostam de ler sobre autoajuda são muito mais propensas a ter um estilo internalizador de enfrentamento. Elas estão sempre tentando descobrir o que podem fazer para melhorar suas vidas.

Em contraste, pessoas que externalizam seus problemas são mais propensas a necessitar de tratamento em razão das pressões externas, como tribunais, ultimatos conjugais ou reabilitação. Grande parte da recuperação de vícios consiste em fazer os externalizadores adotarem um estilo mais internalizador de enfrentamento e a assumirem a responsabilidade por si mesmos. Grupos como o AA (alcoólicos anônimos) podem até ser considerados um movimento para transformar externalizadores em internalizadores que se tornem responsáveis pela própria mudança.

## Internalizadores podem externalizar quando estão sob estresse

Por sua vez, os internalizadores podem externalizar quando estão excessivamente estressados ou solitários. Às vezes, internalizadores que se autossacrificam demais podem começar a extravasar sua angústia por meio de casos amorosos ou ligações sexuais superficiais.

Frequentemente, eles sentem uma tremenda vergonha e culpa e, por isso, ficam apavorados de ser descobertos, mas são atraídos para essas ligações como uma fuga de uma vida emocionalmente ou sexualmente árida. Ter um caso amoroso os ajuda a se sentirem vivos e especiais novamente e possibilita ter suas necessidades de atenção atendidas fora do relacionamento principal, sem entornar o caldo. Na maior parte do tempo, eles tentam primeiro conversar com o parceiro sobre sua infelicidade, já que seu instinto é assumir a responsabilidade pela resolução dos problemas. Mas se o parceiro não os ouvir ou, pior ainda, rechaçar essas aberturas, os internalizadores podem procurar outra pessoa para salvá-los – uma clássica abordagem externalizadora.

Talvez isso ajude a explicar muitas crises na meia-idade, nas quais pessoas até então responsáveis revertem alguns de seus valores de maneiras surpreendentes. Repentinamente, elas rejeitam obrigações e responsabilidades em sua busca por uma vida pessoal mais gratificante. Mas à luz do típico perfil internalizador, talvez a metamorfose na meia-idade afinal não seja tão repentina ou surpreendente, e sim o resultado de anos de autonegação, seguidos pela percepção do internalizador de que numerosas vezes priorizou demais as necessidades alheias.

O abuso de substâncias psicoativas é outra solução externa que os internalizadores podem adotar quando estão sob estresse, conforme você verá na história a seguir.

## A História de Ron

Internalizador e com uma dor crônica nas costas, Ron tentava constantemente agradar sua mãe egoísta e seu padrão crítico. Ele veio para a terapia com uma perspectiva internalizadora, procurando maneiras para mudar sua vida. Mas à medida que o estresse no trabalho aumentou e ele começou a sentir solidão devido a falta de apoio em sua vida, Ron passou a externalizar isso tomando mais analgésicos e bebidas alcoólicas. Por fim, Ron me confessou que achava que estava abusando demais das bebidas e comprimidos, sendo assim, logo procurou uma reabilitação para controlar seus vícios. Graças ao cuidado especializado, ele conseguiu se recompor e enfrentar seus problemas, ao invés de usar drogas para externalizar.

## Exercício: Identificando seu estilo de enfrentamento

Esse exercício o ajudará a identificar se tende mais a ser internalizador ou externalizador. Caso queira usar as listas de verificação a seguir para avaliar outras pessoas e ver qual estilo de enfrentamento parece caracterizá-las, leia a versão desse exercício disponível nos anexos do livro.

Note que os atributos listados a seguir se encontram nas pontas opostas do espectro, acentuando as diferenças básicas de como esses dois tipos lidam com os desafios na vida. É importante salientar que na vida real as pessoas se encontram em algum ponto de uma sequência contínua relativa a esses traços. Mesmo assim, a maioria das pessoas parecerá ser mais de um tipo do que do outro.

### **Traços do Externalizador**

## Abordagem em relação à vida

- Vive no momento atual e não considera as consequências.
- Acha que as soluções vêm de fora.
- Espera que os outros melhorem as coisas: "O que a outra pessoa deveria fazer para melhorar a situação?"
- Age imediatamente e pensa depois.
- Subestima as dificuldades.

## Reação a problemas

- Reage a qualquer coisa que esteja acontecendo.
- Acha que os problemas são causados pelos outros.
- Culpa as circunstâncias.
- Envolve os outros em seus problema.
- Nega ou foge da realidade para se sentir melhor.

## Estilo psicológico

- É impulsivo e egoísta.
- Acha que as emoções têm vida própria.
- Explode facilmente.
- Não tem interesse pelo universo psicológico.

## Estilo de relacionamento

- Espera que os outros o ajudem.
- Acha que os outros deveriam mudar para melhorar a situação.
- Espera que os outros ouçam e tende a fazer monólogos.
- Exige que os outros parem de "importuná-lo".

### **Traços do Internalizador**

## Abordagem em relação à vida

- Preocupa-se com o futuro.
- Acha que as soluções vêm de dentro.
- É atencioso e empático: "O que eu posso fazer para melhorar as coisas?"
- Pensa sobre o que poderá acontecer.
- Superestima as dificuldades.

## Reação a problemas

- Tenta descobrir o que está acontecendo.

- Reflete sobre seu papel na criação de um problema: "O que eu fiz para causar isso?"
- Faz autorreflexão e assume responsabilidade.
- Resolve problemas independentemente e se esforça para eliminá-los.
- Lida com a realidade como ela é e está disposto a mudar.

## Estilo psicológico

- Pensa antes de agir.
- Acredita que as emoções podem ser administradas.
- Sente-se culpado facilmente.
- Tem fascínio pelo universo psicológico.

## Estilo de relacionamento

- Pensa primeiro no que os outros precisam
- Considera mudar a si mesmo para melhorar a situação
- Chama as pessoas para dialogarem sobre um problema
- Quer ajudar os outros a entenderem por que há um problema

Se seus resultados indicarem que você é basicamente um internalizador, tentar fazer demais o trabalho emocional em seus relacionamentos pode acarretar exaustão. O capítulo seguinte explorará as características internalizadoras que o impulsionam a fazer demais pelos outros. Se, por outro lado, seus resultados indicarem que basicamente você é um externalizador, talvez seja bom pedir a opinião dos outros sobre seu comportamento invasivo. É possível que você esteja esgotando seus sistemas de apoio.

## A chave está no equilíbrio

Pessoas que estão nos pontos extremos de cada estilo de enfrentamento geralmente têm problemas sérios para levarem suas vidas. Os externalizadores radicais tendem a ter sintomas físicos ou a entrar em encrenca em razão do seu comportamento, ao passo que internalizadores radicais são propensos a ter sintomas emocionais como ansiedade ou depressão.

Ao rever as listas de verificação no exercício anterior, você entenderá que, dependendo das circunstâncias, quaisquer traços podem ser uma vantagem ou desvantagem.

Por exemplo, os internalizadores podem desenvolver tendências autossabotadoras como inação, não se posicionar e evitar pedir ajuda. Embora os externalizadores possam achar sua vida uma bagunça, seu estilo impulsivo lhes dá mais disposição para agir e tentar diversas soluções. Às vezes, esse tipo de impetuosidade se faz necessária e, então, em algumas situações isso é um ponto positivo. Sob as condições propícias, cada estilo pode ser útil; em última instância, problemas tendem a surgir quando as pessoas estão empacadas no ponto extremo de cada estilo de enfrentamento.

Em geral, o perfil externalizador reflete uma personalidade mais irrealista e menos adaptável, pois os mecanismos imaturos de enfrentamento do externalizador radical simplesmente não propiciam relacionamentos bem-sucedidos nem promovem o amadurecimento psicológico.

## Resumo

As crianças têm várias maneiras de reagir a um pai ou mãe emocionalmente imaturo, mas todas desenvolvem fantasias subconscientes de cura a respeito da melhoria das coisas. Se seu verdadeiro eu não é aceito, a criança também adotará um falso eu a fim de desempenhar uma parte importante na família. Além disso, as crianças desenvolvem dois estilos principais de enfrentamento à parentalidade emocionalmente imatura: externalizar ou internalizar.

Os externalizadores acham que as soluções para seus problemas virão de fora, ao passo que os internalizadores tendem a procurar soluções internamente para resolver os problemas. Cada estilo pode ser vantajoso em determinados momentos, mas internalizar tem probabilidade muito menor de gerar conflito ou impor sofrimento a outras pessoas. Na verdade, as dificuldades do internalizador tendem principalmente a gerar sofrimento interno.

No próximo capítulo, examinaremos em profundidade o estilo internalizador. Você verá como as fantasias de cura na infância dos internalizadores podem imobilizá-los em papéis autossabotadores e como recuperar seu verdadeiro eu pode libertá-los novamente.

## Capítulo 6

# Como é ser internalizador

Na infância, os internalizadores notam quando seus pais não se conectam verdadeiramente com eles. Eles registram o dano emocional de uma maneira que passa despercebida para uma criança mais distraída e, portanto, são profundamente afetados por crescer com pais emocionalmente imaturos. Como são sensíveis às sutilezas de seus relacionamentos com os entes queridos, os internalizadores são muito mais cientes da dolorosa solidão resultante de ter o pai ou a mãe emocionalmente inacessível.

Neste capítulo, examinaremos as características dos internalizadores. Exploraremos também as armadilhas desse estilo de enfrentamento, mais particularmente, como a esperança de obter uma conexão próxima pode levar as pessoas a fazerem demais pelos outros, em detrimento de si mesmas.

## Internalizadores são altamente sensíveis e perceptivos

Caso seja internalizador, é provável que questione como acabou ficando tão atento aos estados internos das outras pessoas. Talvez sua prontidão para ficar sintonizado com os sentimentos e necessidades alheias deva-se simplesmente a seu sistema nervoso.

Os internalizadores são extremamente sensíveis e notam tudo muito mais do que a maioria das pessoas. Eles reagem à vida como se tivessem um diapasão emocional, captando e ressoando as vibrações das outras pessoas e do mundo ao seu redor. Essa perceptividade pode ser uma bênção e, ao mesmo tempo, uma maldição. Conforme um paciente descreveu para mim, "meu cérebro absorve tudo! É inacreditável a quantidade de coisas que eu capto, é como se elas vertessem em mim".

Os internalizadores podem ter um sistema nervoso excepcionalmente alerta desde o nascimento. Certas pesquisas descobriram que há diferenças evidentes nos níveis de sintonia dos bebês com o ambiente desde cedo (Porges, 2011). Alguns bebês de 5 meses demonstram mais perceptividade e interesse firme do que outros (Conradt, Measelle e Ablow, 2013).

Além disso, foi descoberto que essas características estão correlacionadas com os tipos de comportamentos das crianças à medida que crescem.

Revisando sua pesquisa e as de outros, o neurocientista Stephen Porges (2011) apontou que há diferenças neurológicas inatas até em recém-nascidos. A pesquisa dele sugere que, desde a infância, as pessoas podem diferir amplamente em sua capacidade de se acalmar sozinhas e regular as funções fisiológicas quando estão sob estresse. Para mim, isso indica a possibilidade de que uma predisposição a um determinado estilo de enfrentamento possa existir desde a infância.

## Internalizadores têm emoções fortes

Ao contrário dos externalizadores, os internalizadores não exprimem suas emoções imediatamente, assim, seus sentimentos podem se intensificar interiormente. E como sentem as coisas profundamente, não surpreende que os internalizadores, muitas vezes, sejam considerados demasiado sensíveis ou emotivos. Quando sentem uma emoção dolorosa, eles são muito mais propensos a ficar tristes e chorar – justamente o tipo de demonstração intolerável para pais emocionalmente fóbicos. Por outro lado, quando têm sentimentos fortes, os externalizadores os mostram por meio do comportamento antes de ter por agravado o sofrimento interno. Portanto, outras pessoas podem achar que os externalizadores estão tendo um problema comportamental, ao invés de um emocional, embora as emoções estejam causando o comportamento.

Pais emocionalmente imaturos podem gritar ou castigar os filhos externalizadores por seu comportamento, mas são muito mais propensos a menosprezar ou rejeitar os sentimentos dos filhos internalizadores envergonhando-os, desacatando-os ou tratando-os com escárnio. E, embora os pais digam aos externalizadores que seu comportamento é um problema, os internalizadores captam a mensagem de que sua natureza é o problema. Por exemplo, o pai de uma mulher disse sarcasticamente que se algum dia ela escrevesse um livro sobre sua vida, o título deveria ser: "Chorando Sobre o Leite Derramado". Ela ficou profundamente magoada, pois sabia que sua intensidade emocional era uma característica imutável. O sarcasmo do pai feriu seu âmago em cheio.

## Internalizadores têm uma necessidade profunda de conexão

Por ser tão sintonizados com os sentimentos, os internalizadores são extremamente sensíveis à qualidade da intimidade emocional em seus relacionamentos. Toda sua personalidade anseia por espontaneidade e intimidade emocional, e não se satisfaz com menos. Portanto, quando são criados por pais imaturos e emocionalmente fóbicos, eles se sentem dolorosamente sozinhos.

Todos os internalizadores sentem necessidade de compartilhar suas experiências internas. Na infância, sua necessidade de conexão emocional genuína é o fato central de sua existência. Nada magoa mais seu espírito do que estar com alguém que não se envolva emocionalmente com eles.

Um rosto sem expressão mata algo dentro deles. Eles observam atentamente as pessoas, procurando sinais de que a conexão se estabeleceu ou não. Isso não é uma pulsão social, como querer ter pessoas com quem conversar; é uma sede poderosa para conectar seu coração ao de uma pessoa compatível que os compreenda. Nada é mais estimulante para eles do que perceber que alguém os entende. Quando não conseguem fazer esse tipo de conexão, eles sentem solidão emocional.

Conforme você viu no Capítulo 4, essa necessidade dos bebês seguramente apegados de obter resposta emocional e interação recíproca da mãe é normal. Afinal, é assim que se estabelece o laço entre a mãe e a criança. As pesquisas demonstram que bebês com apego seguro sentem aflição e desabam se as mães param de responder e mostram apenas um rosto impassível (Tronick, Adamson e Brazelton, 1975). Essa aflição intensa pode ser vista on-line no YouTube digitando o termo-chave para busca "experimento da situação estranha".

Quando têm pais egoístas, as crianças internalizadoras frequentemente acham que ser prestativas e esconder suas necessidades as fará ganhar o amor parental. Lamentavelmente, contar com a confiança dos pais não é a mesma coisa que ser amado, e o vazio emocional dessa estratégia acaba se tornando aparente.

Nenhuma criança tem poder suficiente para conquistar o amor de um pai ou mãe altamente egoísta. Não obstante, essas crianças passam a acreditar que o preço para obter a conexão é colocar as outras pessoas em primeiro lugar e tratá-las como mais importantes. Elas acham que podem manter relacionamentos sendo as eternas doadoras.

Crianças que tentam ser boas o suficiente para ganhar o amor de seus pais não têm como saber que o amor incondicional não pode ser comprado com esse comportamento condicional.

## A História de Logan

Logan, uma musicista profissional de 41 anos, entrou em meu consultório jorrando intensidade. Com o cabelo ruivo revolto como uma nuvem na tempestade, ela estava toda vestida de preto e era magérrima como um palito de fósforo. E, sem perder tempo, foi direto ao ponto.

Ela viera para a psicoterapia por causa de sua irritabilidade crescente com as pessoas e a incapacidade de se tranquilizar e relaxar.

Ela sabia que a raiz de muitos problemas seus era a raiva que tinha da família, a qual era incapaz de lhe dar respostas emocionais. Embora a família fosse convencional, religiosa e enfatizasse o valor da proximidade e lealdade entre seus membros, ela não sabia como interagir com seus pais e irmãos, de modo que pudesse ter um relacionamento com eles e ser ela mesma, ou seja, não sentia uma conexão real.

"Não suporto mais a falta de reação deles", disse Logan raivosamente. "Eles não me ouvem nem enxergam como eu sou."

Então, ela curvou os ombros e disse baixinho, "fui criada para ser uma boa menina, mas não dei conta desse papel. Quando eu perdia a calma, eles me ignoravam. Eu podia estar em chamas que eles nem notariam".

Sob a raiva de Logan havia uma tristeza acumulada há muito tempo. Ela lutava para entender por que se sentia tão rejeitada pelo comportamento aparentemente normal de seus pais. Seus sentimentos de isolamento não combinavam com o histórico familiar oficial de união afetuosa. Ela questionava se tinha algum defeito; será que ela sempre fora intensa demais para eles?

Sendo internalizadora, Logan tinha uma necessidade premente de conexão emocional autêntica. Lamentavelmente, seus irmãos e pais egoístas não estavam interessados nesse tipo de relacionamento. Ninguém em sua família dava atenção a sentimentos, e as suas manifestações de entusiasmo caíam em ouvidos moucos. De acordo com sua imaturidade emocional, seus pais e seus irmãos queriam apenas desempenhar seus papéis familiares bitolados.

Logan resumiu isso dizendo: "meus pais são totalmente desprovidos de empatia. Nós nunca estamos na mesma sintonia e eles não querem entrar na minha, pois se sentem mais seguros assim, mas isso é exaustivo para mim".

Por mais que tentasse, Logan não conseguia se transformar no tipo de pessoa convencional com quem seus pais emocionalmente imaturos poderiam se relacionar e se sentia derrotada a cada tentativa de ter uma proximidade real. Seus esforços malogrados causaram uma crise de insegurança e confusão intensa. Será que ela era louca por precisar tanto deles?

Logan ficou muito tempo abalada pelo sofrimento emocional, mas ninguém notou, pois ela era brilhante e bem-sucedida.

Mas, apesar de suas realizações, a falta de proximidade emocional com sua família fazia Logan sentir-se vazia interiormente. Para compensar isso, ela se esforçava para fazer as pessoas sorrirem e se sentirem bem, achando que só seria valorizada pelo que pudesse fazer pelos outros, não por ser quem era.

# Internalizadores têm instintos fortes para envolvimentos genuínos

Sentimentos de isolamento e desconexão são estressantes, mas você já pensou por quê? É menos agradável ou menos divertido ser você mesmo? Ou, talvez, haja algo mais profundo acontecendo, algo tão básico para os humanos que alguns dos piores castigos inventados incluem abstenção, ostracismo, confinamento solitário e exílio. Por que a conexão emocional incondicional é tão crucial?

Segundo o neurocientista Stephen Porges (2011), os mamíferos desenvolveram o instinto de se acalmar com a proximidade ou envolvimento com os outros. Em vez de ter apenas as reações involuntárias de lutar, fugir ou ficar imóveis quando estão sob estresse, como ocorre com os répteis, os mamíferos conseguem acalmar sua frequência cardíaca e diminuir os custos físicos do estresse buscando o contato tranquilizante com outros de sua espécie. Certas vias no nervo vago dos mamíferos evoluíram para que os hormônios do estresse e a frequência cardíaca reduzissem mediante a proximidade física, o toque, sons calmantes e até o contato visual. Esses efeitos calmantes conservam a energia tão valiosa e também criam laços sociais prazerosos que fortalecem os grupos. Para todos os mamíferos, inclusive os humanos, algo mágico acontece quando esse desejo de buscar conforto é atendido. O perigo pode não desaparecer, mas os indivíduos ficam relativamente calmos desde que se sintam ligados à manada, bando ou círculo de entes queridos. A maioria dos mamíferos tem uma vida estressante, mas graças ao instinto de se envolver com os outros, basta ter um contato amigável para se acalmar e restaurar as energias. Por isso, quando se trata de lidar com o estresse sem desperdiçar muita energia, os mamíferos têm uma tremenda vantagem em relação a outros animais, já que não precisam lutar, fugir ou ficar imóveis toda vez que sentem uma ameaça.

## Entendendo que conexão é algo normal, não uma dependência

É crucial que os internalizadores vejam seu desejo instintivo por envolvimento emocional como uma coisa positiva, ao invés de interpretá-lo como um excesso de carência ou dependência. Procurar instintivamente se conformar com os outros em momentos de estresse fortalece as pessoas e as torna mais adaptáveis. Mesmo que os pais as tenham reprimido por precisarem de atenção, suas necessidades emocionais mostram que seu saudável instinto mamífero de buscar conforto psicológico está funcionando bem. Os internalizadores sabem instintivamente que ser interdependente gera força, pois todos os mamíferos evoluíram para ser assim. Apenas pessoas emocionalmente fóbicas e imaturas acham que querer empatia e compreensão é um sinal de fraqueza.

## Criando conexões emocionais fora da família

Em razão da sua perceptividade e necessidade forte de envolvimento social, as crianças internalizadoras geralmente acham potenciais fontes de conexão emocional fora da família. Como notam quando as pessoas reagem calorosamente a elas, buscam ganhar mais segurança se relacionando com pessoas de confiança fora da família. Muitos dos meus pacientes têm recordações calorosas de uma vizinha, parente ou professora que fez uma grande diferença ajudando-os a se sentir valorizados e bem cuidados.

Outros acham um apoio semelhante em animais de estimação ou amigos de infância. Os internalizadores podem até se sentir emocionalmente enlevados diante da beleza da natureza ou de obras artísticas. A espiritualidade também dá esse apoio emocional, à medida que os internalizadores sentem e se relacionam com uma presença maior que os acompanha incondicionalmente.

Os externalizadores também precisam de conforto emocional, mas tendem a impor essa necessidade a outras pessoas, as quais se tornam reféns de sua reatividade. Frequentemente, eles se valem de seu comportamento para extrair certas reações das outras pessoas, mas como se trata de uma manipulação, a atenção que recebem nunca é tão satisfatória quanto um intercâmbio livre e genuíno resultante da intimidade emocional. Os externalizadores também chamam atenção culpando ou responsabilizando os outros. Em consequência, as pessoas podem acabar se sentindo coagidas a ajudar, o que gera ressentimento com o passar do tempo.

## A relação entre evitar envolvimento e imaturidade emocional

Em sua maioria, as pessoas emocionalmente imaturas tendem a ser externalizadoras que não sabem se acalmar por meio do genuíno envolvimento emocional. Quando se sentem inseguras, em vez de buscar conforto com outras pessoas, elas tendem a se sentir ameaçadas e apelam para o trinômio lutar, fugir ou ficar imóveis. Em momentos de ansiedade nos relacionamentos, elas reagem com comportamentos defensivos rígidos que afastam as outras pessoas, ao invés de atraí-las.

Raiva, acusações, críticas e dominação são sinais de inabilidade para buscar conforto emocional. Os externalizadores simplesmente não sabem se aproximar para se acalmar.

Os externalizadores que ficam muito perturbados podem dar a impressão de que têm uma pulsão forte por envolvimento emocional, mas sua abordagem tem mais a ver com pânico do que com conexão. Dá muito trabalho acalmá-los, mas eles ainda parecem vagamente desconfiados e insatisfeitos porque não têm abertura para se conectar plenamente. Tentar acalmar um externalizador transtornado é uma experiência insatisfatória para ambas as pessoas, pois aquela que consola sente que não conseguiu ajudar muito.

### O papel das habilidades de conexão emocional para a sobrevivência física

Além de fazer as pessoas se sentirem melhor, uma forte compulsão para confortar por meio do estreitamento das conexões pode até salvar vidas. Usar relacionamentos próximos para obter tranquilidade e apoio é um dos traços que ajudam as pessoas a sobreviverem em condições extremamente ameaçadoras (Gonzales, 2003). Se uma pessoa, quando as coisas ficam estressantes, só sabe lutar, fugir ou ficar imóvel, imagine o quanto seria difícil para ela resistir a um grande desafio para sobreviver. Pesquisas sobre pessoas que resistiram a circunstâncias quase inimagináveis mostram que, invariavelmente, elas recorrem a seus relacionamentos atuais e recordações de familiares como fontes de inspiração e determinação para sobreviver.

Já que a conexão emocional é poderosa o suficiente para apoiar as pessoas durante eventos catastróficos, imagine o quanto ela é valiosa para elas enfrentarem a vida cotidiana. Todas as pessoas precisam de um senso profundo de conexão, a fim de se sentir totalmente seguras, e não há fraqueza alguma nisso.

## Internalizadores se culpam por precisar de ajuda

Quando finalmente buscam ajuda, incluindo terapia, os internalizadores, muitas vezes, se sentem constrangidos e desmerecedores. Afinal, internalizadores que cresceram com pais emocionalmente imaturos sempre se surpreendem quando seus sentimentos são levados a sério. Frequentemente, eles minimizam seu sofrimento dizendo que se trata apenas de "tolices" ou "uma bobagem". Alguns até comentam que não deveriam estar desperdiçando tempo na terapia, já que muitas pessoas precisam mais de ajuda do que eles – provavelmente, indicando que cresceram em uma família na qual os externalizadores encrenqueiros eram considerados os únicos que precisavam de ajuda.

Se foram reprimidos por sua sensibilidade durante a infância, já adultos, os internalizadores podem ficar constrangidos em demonstrar qualquer emoção profunda. Eles podem pedir desculpas quando começam a chorar no consultório do terapeuta, embora tenham conseguido falar sobre seu sofrimento emocional sem demonstrá-lo.

Alguns até levam lenços de papel porque não querem usar os lenços do consultório. Eles estão convencidos de que seus sentimentos mais profundos são um incômodo para as outras pessoas.

Os internalizadores sempre se espantam quando alguém demonstra interesse genuíno pelo que eles sentem. Logo após começar a fazer psicoterapia, uma mulher muito sofrida fez uma pausa em sua narrativa, me olhou com espanto e disse: "você realmente me vê!". Ela se deu conta de que eu entendia o sofrimento subjacente que estava descrevendo, embora funcionasse excepcionalmente bem em sua vida cotidiana. Ela reagiu como se essa fosse a última coisa que esperava e, como era internalizadora, isso de fato a surpreendeu.

## Internalizadores se tornam invisíveis e facilmente negligenciados

É fácil detectar crianças externalizadoras em um sistema familiar: é aquela que explode por nada, o adolescente que está sempre se metendo em encrencas ou a criança adulta que causa problemas. Sejam quais forem seus problemas, externalizadores são sempre os que estão em primeiro plano para os pais, os quais gastam mais energia se preocupando com eles do que com as outras crianças da família.

Em geral, os internalizadores parecem precisar de menos atenção e carinho do que os externalizadores, pois se valem de seus recursos interiores. Como ficam constrangidos em pedir ajuda e detestam se sentir como um incômodo, tentam resolver os problemas sozinhos. Portanto, são crianças fáceis de lidar e requerem pouca manutenção. Para pais ocupados ou preocupados, essa autoconfiança infantil pode induzir à negligência, pois acham que a criança está bem mesmo sem obter muita atenção. De fato, os internalizadores taciturnos parecem não precisar de tanta atenção, mas isso não os impede de se sentir negligenciados pelos pais.

Como acham que as crianças internalizadoras são mais capazes de se cuidar sozinhas, os pais emocionalmente imaturos permitem que elas tenham uma vida fora da família. Mas, embora consigam se virar com mais independência, as crianças internalizadoras ainda anseiam se conectar com os pais e despertar seu interesse. Ser emocionalmente invisível é péssimo para qualquer criança, especialmente para as internalizadoras que são tão sensíveis e atentas.

## Contentando-se com o reconhecimento limitado

À medida que crescem, os internalizadores negligenciados emocionalmente continuam achando que devem fazer tudo sozinhos e se acostumam a viver assim. Como gostam de aprender e de rememorar as experiências, eles registram qualquer coisa que recebam dos outros, o que os ajuda a suportar um longo tempo sem momentos de atenção e afeto. Usando sua excelente memória emocional, eles podem revirar suas lembranças quando não estão recebendo muito alento dos outros. Um dos meus pacientes chamou isso de "se virar com vapores" e explicou: "a conexão social é como os minerais e vitaminas essenciais. Não são necessárias altas doses, mas a ausência pode nos adoecer.

Um homem estava tão acostumado a ajudar os outros que ficou surpreso quando a irmã manifestou sua gratidão por tudo que ele havia feito ao longo dos anos. Ser notado era tão surpreendente que a atitude bondosa da irmã quase o fez cair para trás. Como sempre assumem tanta responsabilidade pelos outros, os internalizadores ficam profundamente gratos por qualquer migalha de reconhecimento. De fato, essa é uma das marcas de um internalizador: uma gratidão quase exagerada por qualquer tipo de reconhecimento ou afeição especial.

## Reconhecendo a negligência na infância

A imaturidade emocional dos pais faz seus filhos sofrerem uma grande negligência emocional. No entanto, essa privação emocional frequentemente é uma experiência muda e invisível para as crianças. Elas sentem um vazio, mas não sabem denominá-lo. Assim, crescerão marcadas pela solidão emocional, mas sem saber o que há de errado, e se sentirão diferentes das pessoas que parecem verdadeiramente à vontade. (Se você estiver interessado em saber se teve privação emocional na infância, o livro Reinvente sua vida, editora Sinopsys, dos autores Jeffrey Young e Janet Klosko, oferece informações úteis para determinar se as pessoas sofreram por carência emocional.)

Frequentemente, as pessoas só se dão conta de que sentiram negligência emocional quando leem pela primeira vez sobre esse assunto. E quando vêm para a psicoterapia, elas geralmente não se lembram bem de ter sido negligenciadas no passado.

Mas, após um exame mais profundo, elas passam a ter recordações que revelam que não se sentiam bem cuidadas na infância. Tais recordações frequentemente envolvem se sentirem sozinhas e desprotegidas em situações potencialmente perigosas, ou que os pais e cuidadores não se preocupavam muito sobre o que poderia acontecer com elas. Muitas vezes, elas simplesmente sabiam que precisavam ser vigilantes, prestar atenção em tudo e se cuidar sozinhas. Uma mulher relembrou que, aos 4 anos, foi deixada sozinha em uma praia por mais de uma hora sem que sua mãe tentasse achá-la, um fato que outras pessoas confirmaram. Outra mulher relembrou que, quando era pequena, foi a uma piscina e ficou longe da borda porque tinha certeza de que sua mãe não estava de olho nela.

Volto a enfatizar que a autossuficiência das crianças internalizadoras pode dar a impressão de que elas não têm necessidades. Os pais esperam que elas estejam bem e se virem sem ninguém que cuide delas atentamente. Elas podem ser caracterizadas como "almas velhas" que, aos olhos dos pais, sempre farão a coisa certa. Elas fazem favores de bom grado desempenhando um papel demasiado autoconfiante, que frequentemente leva a uma vida adulta focada demais no bem-estar alheio.

## A História de Sandra

Quando tinha 11 anos, Sandra e seu irmão de 7 anos foram enviados a outro estado para passar o verão com parentes. Aparentemente despreocupada, a mãe os despachou em um ônibus noturno para uma viagem de mais de 800 quilômetros, na qual eles tinham de trocar de ônibus de madrugada. Embora se sentisse perdida e amedrontada, Sandra sabia que tinha de proteger seu irmãozinho. Situações que podem fazer outra criança entrar em pânico fazem os internalizadores entrarem em um estado intensamente focado para descobrir como dar conta dos desafios. Conforme Sandra disse, "meu irmão estava apavorado e chorava muito. Eu fui estoica, pois sabia que era meu dever tornar a situação mais leve".

## A História de Bethany

Aos 10 anos, Bethany foi enviada no verão para o Brasil, para ser babá do bebê de seu irresponsável irmão mais velho e de sua nova mulher. O irmão e a cunhada gostavam de se divertir e entravam e saíam à vontade, enquanto a pequena Bethany cuidava de seu sobrinho. Quando o verão terminou, sua mãe resolveu que Bethany devia ficar no Brasil e perder as aulas para continuar ajudando a família do irmão. Por fim, parece que algo abalou a mãe, que, então, foi buscar Bethany. Sua mãe era um exemplo clássico de pessoa egoísta e emocionalmente imatura: cega para o fato de que a internalizadora competente ainda é uma criança e precisa ser cuidada.

## Aprendendo a ignorar os próprios sentimentos

Crianças que se tornaram duronas e cuidam das coisas sozinhas podem desenvolver uma rejeição aos próprios sentimentos. Talvez elas tenham aprendido a manter distância de sentimentos dolorosos, pois sabiam que não teriam ajuda de seu pai ou mãe imaturo.

## A História de Leah

Durante uma sessão de terapia, Leah se desculpou comigo por "ainda estar deprimida". Ela crescera em uma atmosfera de negligência emocional e tinha certeza de que eu achava sua tristeza importuna e exasperante.

Leah achava que a única coisa que eu queria ouvir era que ela estava bem melhor, para que eu me sentisse bem com os resultados positivos da terapia. Ela não podia imaginar que eu pudesse estar interessada em como ela realmente se sentia. Isso era um resquício de sua infância, quando sua mãe emocionalmente fria e crítica ficava irritada toda vez que Leah expressava suas emoções. Em reação, Leah desenvolveu a crença de que a melhor maneira de se conectar era tornar-se uma pessoa "agradável" e sem necessidades emocionais. Então, passou a esconder seus sentimentos e tentou desempenhar um papel que agradaria aos outros.

Ao longo de toda a sua infância, Leah tentou ser autossuficiente.

Ela se questionava frequentemente: "como posso me tornar suficiente e me sentir segura?", sem saber que uma criança não tem condições de responder a essas questões. Somente um pai ou mãe emocionalmente atencioso poderia ter lhe incutido que bastava ser autêntica.

## Recebendo apenas apoio superficial

Outra forma de negligência ocorre quando pais emocionalmente imaturos dão apenas um conforto superficial que não ajuda de forma alguma uma criança apavorada. Uma mulher se lembrou de que sempre que tinha medo na infância, sabia que teria de superá-lo sozinha. Quando perguntei se ela se lembrava de alguma vez ter obtido ajuda em relação a seus medos, a resposta foi: "Essa ideia me parece estranha, pois nunca senti que alguém me entendia. Eu não me lembro de ninguém me ajudar realmente em relação aos meus medos. Meus pais só diziam coisas genéricas, como 'ah, você vai ficar bem', 'tudo vai dar certo' ou 'isso é besteira e logo você estará melhor'".

# Internalizadores são excessivamente independentes

A negligência emocional pode fazer a independência prematura parecer uma virtude. Muitas pessoas negligenciadas na infância não percebem que sua independência era uma necessidade, não uma escolha. Muitos pacientes me descrevem isso de várias maneiras, como: "sempre eu que cuidei de mim mesma", "dou conta de tudo sozinha; eu não gosto de depender de ninguém" e "é preciso fazer as coisas por conta própria e não deixar os outros verem você suando".

Um fato triste é que crianças que se tornam tão independentes podem não pedir ajuda posteriormente na vida, quando esta estiver disponível. Muitas vezes, cabe aos psicoterapeutas e a outros profissionais de saúde persuadir essas pessoas a aceitarem que sua necessidade de ajuda é legítima.

## Internalizadores não reconhecem abusos

Como os internalizadores buscam em si mesmos as razões para as coisas não darem certo, nem sempre eles reconhecem os abusos. E, como os pais não rotulam o próprio comportamento de abusivo, a criança tampouco o rotulará assim. Deste modo, muitos adultos não têm ideia de que o que aconteceu com elas na infância era abusivo. Em consequência, podem não reconhecer comportamentos abusivos em seus relacionamentos adultos.

Por exemplo, Vivian hesitou em me falar sobre a raiva de seu marido, dizendo que era insignificante demais para ser mencionada. Posteriormente, ela acabou me contando que ele quebrava coisas quando perdia a cabeça e que certa vez atirou um trabalho artesanal dela no chão, pois queria que a casa fosse mais bem arrumada. Vivian ficou constrangida de me contar isso porque achava que eu diria que o comportamento dele era normal e que ela estava fazendo uma tempestade em um copo d'água.

Um paciente de meia-idade narrou calmamente episódios de abuso na infância, sem reconhecer a gravidade do ocorrido. Ele disse, por exemplo, que certa vez seu pai o esganou até ele urinar e depois o trancou no porão. E também relembrou que uma vez o pai atirou um aparelho de som no chão, ele admitiu que o pai "tinha um gênio forte". Enquanto falava, seu comportamento indicava claramente que ele achava esse comportamento normal.

## Internalizadores fazem a maior parte do trabalho emocional nos relacionamentos

Os internalizadores são os que mais fazem o trabalho emocional em suas relações familiares. É importante salientar que o trabalho emocional envolve usar empatia, percepção e autocontrole para fomentar os relacionamentos e se dar bem com os outros. Em famílias saudáveis, os pais fazem a maior parte do trabalho emocional com seus filhos. Caso contrário, uma criança internalizadora frequentemente preenche essa lacuna da parentalidade, sendo excessivamente responsável, cuidando dos irmãos mais novos quando os pais estão em crise ou ficando atenta aos sentimentos de todos para ver quem está perturbado e precisa ser acalmado.

## Mantendo uma alegria ilusória

Especialmente quando os pais estão deprimidos ou apáticos emocionalmente, as crianças internalizadoras podem assumir um papel alegre e despreocupado, tentando injetar felicidade e animação em um clima familiar sombrio. Com sua animação e senso de humor, eles ajudam os outros a sentirem que as coisas não estão tão ruins. Uma mulher que assumiu esse papel descreveu a situação dessa maneira: "Eu sempre era a pessoa feliz. Por exemplo, durante as férias no final do ano era eu que dizia: 'vamos enfeitar a casa!'. Eu fazia isso porque as pessoas na minha família eram muito desligadas e apáticas. Agora percebo que estava buscando uma conexão".

Essa carga de trabalho emocional visava que sua família se empolgasse com ela, mesmo que isso significasse ser a única que se empenhava para infundir o espírito natalino em casa.

## Fazendo o trabalho emocional para os pais

Os pais emocionalmente imaturos evitam ao máximo o trabalho emocional. Em consequência, não se envolvem com os problemas emocionais e as dificuldades dos filhos na escola, deixando as crianças se debaterem sozinhas. Quando os filhos precisam de apoio emocional, esses pais são praticamente inúteis ou até pior. Por exemplo, podem desdenhar quando a criança está magoada ou foi rejeitada pelos pares. Em vez de tentar entender a dificuldade social da criança, eles dão dicas inúteis ou levianas. Em última instância, as crianças aprendem que esses pais simplesmente não farão qualquer esforço para ajudá-las a superar suas mágoas.

Além disso, a sensibilidade natural dos internalizadores os impulsionará a fazer o trabalho emocional que caberia a seus pais. Às vezes, a criança internalizadora se estende até a cuidar dos pais – ouvindo-os, tranquilizando-os e dando conselhos. Essas crianças ficam presas ao papel da pessoa que dá apoio emocional muito antes de estarem suficientemente maduras para isso. Pior ainda é quando o pai despeja problemas emocionais sérios sobre uma criança e depois rejeita qualquer conselho que ela tente dar – em uma inversão de papéis que pode continuar até a vida adulta. Além de ser uma situação prejudicial para ambos, isso demanda um trabalho emocional excessivo para a criança.

## A História de Candace

Desde a infância e até na vida adulta, Candace foi a ouvinte principal dos problemas crônicos de relacionamento de sua mãe. Quando perguntei como assumiu esse papel frustrante com a mãe, Candace disse: "eu sei que sou mais estável emocionalmente do que ela e estou habituada a resolver tudo sem sua ajuda. Com certeza, ela é a mais carente em nosso relacionamento e precisa do meu encorajamento para se recompor. Ela sempre se sente indigna de receber amor e não tem autoestima. Estou apenas tentando ajudá-la a encontrar a felicidade".

### Exaurindo-se em relacionamentos adultos

Muitas crianças internalizadoras acreditam que quando crescerem conseguirão amar unilateralmente outra pessoa em um relacionamento bom. Refletindo sobre seu casamento fracassado, uma mulher disse o seguinte: "Eu achava que podia dar conta de tudo por nós dois". A fim de se dar bem com a outra pessoa, os internalizadores estão acostumados a suprir a maior parte da empatia, fazer mais do que lhes cabe e podem não perceber por muito tempo que estão se esgotando, ao passo que o parceiro ou parceira não muda em nada.

Às vezes, os internalizadores preenchem a lacuna emocional desempenhando ambas as partes em suas interações. Eles agem como se houvesse reciprocidade, mas não há. Por exemplo, eles podem agradecer alguém por ser paciente, quando, na verdade, eles é que estão sendo estorvados ou constantemente se aproximam de pessoas egocêntricas que nunca as tratarão com a mesma consideração. Eles estão tão condicionados a suprir a sensibilidade que faltava nos membros da família que fazem isso automaticamente com todo mundo.

Eles compensam a falta de envolvimento das outras pessoas achando que elas são melhores e mais gentis do que realmente são.

Um homem mencionou uma fantasia otimista que tinha em relação à sua namorada, dizendo: "eu achava que de certa forma poderia ser tão maravilhoso que ela passaria a sentir algo por mim. Eu tinha certeza de que poderia fazê-la feliz e conquistar seu amor". Ele acreditava piamente que poderia mudar os sentimentos da namorada.

Uma paciente revelou que fazia a maior parte do trabalho emocional em todas as suas amizades: "Meu erro é sempre tentar ser boa e compreensiva. Se eu pensar sobre o que desejo ou preciso, fico preocupada que os outros achem que não me importo com eles ou que estou sendo egoísta. Eu sinto que se não estiver o tempo todo focada neles serei uma pessoa má".

Somente após o divórcio outra mulher percebeu o quanto fazia o trabalho emocional no casamento: "Quando meu marido perdia a cabeça com ninharias, eu tentava acalmá-lo, em vez de dizer: 'isso é totalmente ridículo'. Ele era muito inepto emocionalmente. Como não enxerguei isso durante 10 anos? Eu não me dava conta da quantidade de esforço que fazia e dizia a mim mesma: "nós dois estamos tentando fazer o relacionamento dar certo". E pensava que, talvez, não fosse uma mulher boa o suficiente e o que poderia fazer de outro modo para melhorar as coisas. Meu consolo era pensar que todo mundo tem dificuldades e que talvez todo casamento fosse assim".

Por que é tão frequente os internalizadores terem relacionamentos desequilibrados nos quais fazem o trabalho emocional muito além do que deveriam? Um dos motivos é que externalizadores carentes tendem a buscar internalizadores calorosos e generosos.

Inicialmente, eles fazem o internalizador se sentir especial a fim de assegurar o relacionamento, mas após conquistar a pessoa, param de oferecer reciprocidade emocional. Surpresos com essa mudança, os internalizadores comumente se culpam.

## Atraindo pessoas carentes

Desde a infância, os internalizadores podem parecer tão taciturnos que as pessoas emocionalmente imaturas não resistem a se envolver com eles. Os internalizadores são tão perceptivos e sensatos que até desconhecidos podem confiar instintivamente neles em uma situação estressante. Minha paciente Martine descreveu isso da seguinte maneira: "Eu sou a pessoa ideal para quem busca apoio e quer desabafar – a voz da calma e da sabedoria. As pessoas não encontram isso facilmente, então, recorrem a mim como se eu fosse um aterro para seus problemas. Eu só estou tentando ser uma boa amiga e uma pessoa solidária, mas isso estimula as pessoas a despejarem muitas coisas ruins em mim. Isso acontece demais comigo".

Sem nem se dar conta, pessoas como Martine exalam uma aura de benevolência e sabedoria que é altamente atraente para pessoas carentes. Felizmente, Martine acabou percebendo que, para seu próprio bem, precisava ser mais seletiva ao conceder sua empatia e altruísmo naturais. E, quando parou de ceder seu tempo e atenção indiscriminadamente, ganhou mais energia para tocar a própria vida.

No decorrer da terapia, outra paciente finalmente percebeu o quanto disseminava sua generosidade automática, estendendo-a até para desconhecidos. Era comum estranhos puxarem conversa com ela em elevadores e transeuntes solitários faziam a mesma coisa nas ruas.

"Por acaso, tenho um cartaz pregado no pescoço?" pensava. Ela se sentia obrigada a ser calorosa com todos, fazendo o trabalho emocional até para completos desconhecidos. O fato é que estranhos carentes sempre tentam atrair a atenção de uma pessoa sensível, seja em um avião, em um elevador ou em uma fila.

## Acreditando que a autonegligência trará amor

Muitos internalizadores acreditam subconscientemente que a autonegligência mostra que uma pessoa é boa. Ao demandar excessivamente a energia e atenção dos filhos, os pais prepotentes lhes ensinam que o autossacrifício é o ideal mais digno — uma mensagem que crianças internalizadoras são propensas a levar a sério. Elas não percebem que seu autossacrifício atinge níveis nocivos em virtude do egocentrismo dos pais.

Às vezes, esses pais usam princípios religiosos para promover o autossacrifício, fazendo os filhos sentirem culpa por querer algo para si mesmos. Dessa maneira, ideias religiosas que deveriam ser acalentadoras espiritualmente são usadas para manter crianças idealistas focadas em cuidar dos outros.

Inerentemente, as crianças não sabem proteger suas energias. Portanto, devem ser ensinadas a cuidar bem de si mesmas – algo que acontece quando adultos prestam atenção às necessidades delas e reforçam o fato de que elas precisam de descanso, simpatia e respeito. Por exemplo, pais sensíveis ensinam seus filhos a reconhecerem seu cansaço, em vez de deixá-los ansiosos e preguiçosos quando precisam descansar.

Lamentavelmente, pais emocionalmente imaturos são tão egoístas que não notam quando os filhos estão ficando sobrecarregados ou se empenhando demais. É mais provável que eles tirem vantagem da natureza sensível e carinhosa de uma criança, ao invés de protegê-la contra qualquer exploração. E se os pais não ensinam os filhos a se cuidarem bem, na vida adulta essas pessoas não saberão como manter um equilíbrio emocional saudável entre as próprias necessidades e as alheias.

Isso se aplica especialmente aos internalizadores. Em razão da sua sintonia com os outros, eles podem ficar tão focados nos problemas alheios que se esquecem das próprias necessidades e não percebem o quanto estão se esgotando emocionalmente. Além disso, eles estão secretamente convencidos de que mais autossacrifício e trabalho emocional acabarão melhorando seus relacionamentos insatisfatórios. Assim, quanto maiores as dificuldades, mais eles tentam.

Isso parece irracional, mas lembre-se de que essas fantasias de cura são baseadas nas ideias de uma criança sobre como melhorar as coisas. Na infância, os internalizadores tendem a assumir o falso eu do salvador, sentindo a responsabilidade de ajudar os outros a ponto de cometer autonegligência.

Sua fantasia de cura sempre envolve a ideia de que cabe a mim solucionar isso, mas eles não entendem que assumiram uma missão impossível: mudar pessoas que não estão querendo se transformar.

Os internalizadores têm dificuldade em desistir da luta para ser amados, mas, às vezes, percebem que não têm o poder de mudar o modo de outra pessoa se relacionar com eles. Por fim, eles sentem ressentimento e começam a se desligar emocionalmente. Se, em última instância, um internalizador não desiste, a outra pessoa pode se surpreender com essa persistência para continuar se aproximando e tentando se conectar por tanto tempo.

## Resumo

Os internalizadores são altamente perceptivos e extremamente sensíveis às outras pessoas. Em virtude da sua grande necessidade de conexão, crescer com um pai ou mãe emocionalmente imaturo lhes causa muito sofrimento. Eles têm emoções fortes, mas não querem incomodar os outros, o que facilita a negligência dos pais emocionalmente imaturos. Eles desenvolvem um falso eu excessivamente focado nas outras pessoas, assim como a fantasia de cura de que podem mudar os sentimentos e comportamentos alheios em relação a eles. Eles se viram com pouquíssimo apoio alheio e acabam se excedendo no trabalho emocional em seus relacionamentos, o que pode gerar ressentimento e exaustão.

No próximo capítulo, veremos o que acontece quando o verdadeiro eu dos internalizadores finalmente desperta e eles veem que têm cedido demais.

# Capítulo 7

# Desabando e despertando

Este capítulo descreve como as pessoas despertam de um papel indevido que vêm representando há muito tempo. Esse estágio do despertar frequentemente começa com um senso de fracasso ou perda de controle. Sintomas dolorosos como depressão, ansiedade, tensão crônica e insônia apontam que as velhas estratégias para contornar a realidade se tornaram insustentáveis.

Tais sintomas físicos e psicológicos são um sistema de alerta de que precisamos entrar novamente em sintonia com quem somos e com o que de fato sentimos.

## O que é o verdadeiro eu?

O conceito do verdadeiro eu remonta à antiguidade quando surgiu a ideia de que os humanos têm alma. Os seres humanos sempre sentiram a presença de um "eu" interior genuíno que vê e sente tudo, mas que fica um pouco separado do que fazemos no mundo exterior. Esse "eu" é a fonte de nossa individualidade singular e não é afetado pelas pressões familiares que moldam nossos falsos eus.

O "eu" interior é conhecido por vários nomes – o verdadeiro eu, o eu real, o eu essencial (Fosha, 2000) –, mas todos significam a mesma coisa: a consciência situada no âmago da pessoa e que fala a verdade.

O verdadeiro eu é como um sistema neurológico de retorno extremamente acurado que direciona cada indivíduo para o nível ideal de energia e funcionamento. As sensações físicas advindas de sentir o verdadeiro eu sugerem que ele é baseado na biologia humana. Ele é a fonte de todos os sentimentos e intuições viscerais, incluindo as impressões imediatas e acuradas sobre outras pessoas. Nós podemos usar as flutuações na energia de nossos verdadeiros eus como um sistema de orientação que nos diz quando estamos alinhados com um caminho apropriado na vida (Gibson, 2000).

Quando estamos de acordo com nossos verdadeiros eus, vemos as coisas claramente e ficamos em um estado de fluxo. Ficamos focados em soluções, não nos problemas. As coisas parecem possíveis quando prestamos atenção em nossas necessidades e desejos genuínos. Oportunidades e pessoas entram em nossas vidas e nos ajudam de maneiras que nunca havíamos imaginado. Nós realmente nos tornamos "mais afortunados".

## O que o verdadeiro eu quer?

Para florescer, seu verdadeiro eu tem as mesmas necessidades que uma criança saudável: crescer, ser compreendido e se expressar. Acima de tudo, seu verdadeiro eu está sempre instigando sua expansão, como se seu sentimento de realização fosse a coisa mais importante no mundo. Com esse intuito, ele pede que você aceite sua orientação e desejos legítimos. Ele não tem interesse pelas ideias desesperadas que lhe ocorriam na infância em relação à fantasia de cura e ao falso eu. Ele só quer ser genuíno com outras pessoas e sincero em suas buscas.

As crianças ficam alinhadas com seu verdadeiro eu se os adultos importantes em suas vidas as apoiarem nesse sentido. No entanto, quando são criticadas ou reprimidas, elas aprendem a ficar constrangidas com seus verdadeiros desejos. Ao fingir ser o que seus pais querem, as crianças acham que descobriram a solução para ganhar o amor deles. Elas sufocam seus verdadeiros eus e seguem as orientações de seus falsos eus e fantasias, assim perdendo o contato com sua realidade interna e externa.

## Exercício: Despertando para o seu verdadeiro eu

Independentemente de ser internalizador ou externalizador, se você tem abafado suas necessidades mais profundas, seu verdadeiro eu usará sintomas emocionais para despertá-lo, a fim de que comece a cuidar de si mesmo. Seu verdadeiro eu deseja que você tenha a paz de viver segundo a sua realidade. A dica é a seguinte: reconhecer esses sinais de angústia, pois eles salvam vidas.

Esse exercício o ajudará a ficar mais consciente de seu verdadeiro eu. Você só precisa de uma folha de papel e de uma caneta. Dobre a folha de papel ao meio, deixe apenas uma metade visível de cada vez, então, escreva os seguintes cabeçalhos em cada metade: "Meu verdadeiro eu e Meu falso eu".

Comece o exercício na metade intitulada "Meu verdadeiro eu". Pense em sua infância de maneira profunda e sincera.

Qual era seu "eu" antes de começar a tentar ser outra pessoa? Antes de aprender a se autojulgar e se autocriticar, o que gostava de fazer? O que fazia sentir-se bem? Se pudesse ter sido a pessoa que realmente é (e não tivesse que se preocupar com dinheiro), como seria sua vida atual?

Recomendo que recorde-se de como era antes da quarta série. Quais eram seus interesses? Quem eram suas pessoas favoritas e o que você apreciava nelas? O que você gostava de fazer nas horas vagas? Como você gostava de brincar? Qual era sua ideia de um dia perfeito? O que realmente lhe dava mais energia? Anote seus pensamentos à medida que surjam, abaixo do cabeçalho "Meu verdadeiro eu".

Após terminar essa lista, use a metade do papel com o cabeçalho "Meu falso eu". Reflita sobre o que você teve de se tornar para se sentir admirado e amado pelos outros. Atualmente você está envolvido em coisas pelas quais não tinha interesse? O que se força a fazer por achar que representa ser uma boa pessoa? Está envolvido com pessoas que sugam sua energia e o deixam esgotado? Está desperdiçando tempo com algo entediante? Como descreveria o papel social que está tentando desempenhar? Como espera que os outros o considerem como pessoa? Quais traços de sua personalidade tenta esconder? O que prefere que ninguém saiba sobre você?

Quando terminar, deixe a folha de papel de lado pelo menos por um dia. Então, abra a folha e compare as duas metades. Você vive de acordo com seu verdadeiro eu ou seu falso eu está dominando sua vida?

-----

# Desabando para despertar

As pessoas desmoronam quando o sofrimento de viver com falsos eus e fantasias de cura começa a suplantar os potenciais benefícios. O processo de amadurecimento psicológico expõe algumas verdades penosas sobre o que estamos fazendo com nossas vidas. A psicoterapia e outros tratamentos nos ajudam a ficar cientes de verdades que em nosso âmago já sabemos. Quando você está colapsando, vale a pena se perguntar o que de fato está desabando e, geralmente, achamos que é nosso eu. Mas o que realmente está acontecendo é que nossa luta para negar nossa verdade emocional está sendo em vão. O sofrimento emocional é um sinal de que está ficando mais difícil continuar sendo emocionalmente inconsciente.

Isso significa que estamos prestes a descobrir nossos verdadeiros eus encobertos por todas aquelas falsas esperanças de cura.

Seu verdadeiro eu quer te mostrar o que realmente está acontecendo. Ele tenta despertá-lo porque quer derrubar a crença de que seus pais emocionalmente imaturos sabiam o que era melhor para você e que criar um falso eu é melhor do que ser quem é. Por isso, é melhor confiar nele do que deixar uma fantasia comandar sua vida.

O psicólogo do desenvolvimento Jean Piaget (1963) observou que, para aprender algo novo, as pessoas precisam se desfazer de seu velho padrão mental e reinventar-se em torno do novo conhecimento que estão adquirindo. Esse processo de colapso interno e acomodação é essencial para continuar tendo desenvolvimento intelectual. O psiquiatra polonês Kazimierz Dabrowski (1972) também teorizou que o sofrimento emocional é um sinal em potencial de crescimento, não necessariamente de doença. Ele achava que os sintomas psicológicos resultavam de uma pulsão recém-ativada de amadurecimento e cunhou o termo "desintegração positiva" com o objetivo de descrever os períodos em que as pessoas se desintegram interiormente, a fim de reorganizar-se como seres mais complexos emocionalmente.

Dabrowski notou que algumas pessoas conseguiam expandir suas personalidades em resultado dessas turbulências, ao passo que outras voltavam logo ao ponto inicial. Ele observou que pessoas inconscientes psicologicamente não tinham muita probabilidade de mudar após uma turbulência emocional. Outras pessoas, porém, aproveitavam os períodos de angústia para aprender sobre si mesmas, enfrentando condições emocionais desafiadoras com curiosidade e desejo de aprender com elas. Dabrowski achava que essas pessoas tinham um potencial para se desenvolver que as impulsionava para ser mais competentes e autônomas.

Dabrowski acreditava que indivíduos que toleram emoções negativas tendem a ter potencial de desenvolvimento mais alto e considerava as emoções negativas como a força propulsora de grande parte do desenvolvimento psicológico humano, pois o desconforto com esses sentimentos pode motivar as pessoas ambiciosas a acharem soluções. Em vez de se fechar ou ficar defensivas durante experiências difíceis, as pessoas com potencial para o desenvolvimento tentam ter um entendimento mais profundo sobre si mesmas e a realidade.

Com esse intuito, elas estão dispostas a fazer autorreflexão, mesmo que isso implique uma insegurança dolorosa.

Embora a incerteza inerente a esse processo de autoexame possa gerar ansiedade, culpa ou depressão, enfrentar essas questões profundas acaba forjando uma personalidade mais forte e mais adaptável.

## A História de Aileen

Minha paciente Aileen encontrou apoio e validação nas ideias de Dabrowski. Muito perspicaz, ela se beneficia bastante com a psicoterapia há anos. Sua paixão por aprender despertou o desejo de entender a si mesma e os outros, mas sua família via esse interesse em psicologia como um sinal de desajuste.

Quando Aileen buscou terapia após um caso de amor muito destrutivo, sua família achou isso ridículo e a rotulou de "a doente". Ao invés de ver que Aileen estava usando seu sofrimento emocional como uma ferramenta para o amadurecimento e autoconhecimento, eles não entendiam por que ela gastava tanto tempo e dinheiro para remexer no passado.

Aileen sabia que estava fazendo a coisa certa ao vir para a terapia, mas temia a possibilidade de ser de fato "a doente" na família. Embora estivesse ciente da imaturidade, impulsividade e aversão à intimidade emocional de seus pais, parecia estranho que ela fosse a única pessoa na família que precisava de ajuda.

Aprender sobre a ideia de desintegração positiva de Dabrowski ajudou Aileen a correlacionar sua angústia com as dores do crescimento. E ao ficar a par da teoria do crescimento de Dabrowski, ela se sentiu orgulhosa de ser o único membro de sua família com disposição para explorar sua angústia, a fim de encontrar uma maneira de ser mais saudável.

## Despertando para abandonar o falso eu ultrapassado

Muitas pessoas mantêm seu falso eu da infância durante a vida adulta porque acreditam que ele as mantêm seguras e é a única maneira de serem aceitas.

Mas quando o verdadeiro eu não suporta mais ficar reprimido, é comum as pessoas receberem um sinal de alerta em forma de sintomas emocionais inesperados.

### A História de Virginia

O sinal de alerta para Virginia veio em forma de um surto repentino de ataques de pânico após ser criticada por seu tirânico irmão mais velho, Brian. Virginia sempre se preocupava com a opinião alheia sobre ela. Eventos sociais lhe pareciam triatlos exaustivos para captar as reações alheias, tentando não ofender os outros e imaginando alguma rejeição iminente. No trabalho, era obcecada pelo que as pessoas pensavam sobre ela. Virginia veio para a terapia para controlar o pânico, algo que conseguiu, mas também acabou percebendo o quanto se sentia rejeitada na infância.

Ao longo da terapia, Virginia percebeu que Brian tinha o mesmo jeito reprovador que seu pai falecido, que sempre fazia Virginia se sentir inapta e não amada. Ela começou a entender que sua ansiedade social era um reflexo de seu papel na infância, com o qual tentava constantemente e sem resultados ganhar o amor de seu pai crítico e escarnecedor. Sua fantasia subconsciente de cura era de que um dia finalmente conseguiria ser "correta" o suficiente para obter a aprovação dele. Inconscientemente, ela havia assumido o papel da criança medrosa e inadequada para a persona sábia e poderosa do pai, que agora era mantida por Brian.

Os ataques de ansiedade sinalizaram que Virginia estava começando a questionar sua crença de infância de que a figura de autoridade sempre tinha razão. Ela me disse: "se as pessoas expressassem qualquer enfado comigo, especialmente os homens, ficava apavorada e supunha automaticamente que estava errada". Agora, porém, conseguia ver sua relação com Brian com mais clareza: "Eu o coloquei em um pedestal como se fosse um deus. Ele não se importa comigo, mas deixo que determine se me sinto bem ou mal. Sempre me importei muito com sua opinião, mas agora estou ficando um pouco mais taciturna, pois estou aprendendo a assumir minha individualidade".

Sem o sinal de alerta dos ataques de pânico, Virginia poderia ter continuado fazendo deferências aos outros, como se estivesse envolta por uma nuvem de ansiedade autodepreciativa. Seus ataques de pânico despertaram uma nova consciência de que ela não precisava mais aceitar o pressuposto da infalibilidade masculina que lhe impingiram na infância e que estava destruindo sua autoestima como uma mulher adulta. Seu falso eu como a menininha fraca e confusa desabou à medida que ela percebeu que podia escolher ter ou não contato com Brian. Finalmente, ela ficou ciente do que realmente sentia pelo pai e pelo irmão, que conjuntamente fizeram dela o membro menos importante da família. A maldição acabou.

-------------------------------------------

# Exercício: Livrando-se do papel de autossabotador

Agora, escreva uma descrição curta da personalidade de alguém em sua vida que o deixa nervoso ou faz se sentir inferior. A seguir, pense em como essa pessoa afeta o seu comportamento e em como se comporta na presença dessa pessoa, então, escreva uma descrição curta do falso eu que tem desempenhado com ela. Tente localizar a fantasia de cura que pode estar levando-o a buscar a aceitação dessa pessoa a qualquer custo.

Há quanto tempo você deseja que essa pessoa lhe trate melhor? Você acha que tem se anulado, mas que esse papel não lhe serve mais? Você está preparado para se enxergar de outra maneira e se relacionar com essa pessoa em pé de igualdade?

## Despertando para o que você realmente sente

Muitas vezes, desistir da fantasia de cura de algum dia ganhar o amor significa ter de encarar os sentimentos indesejados em relação às pessoas próximas. É comum sentir-se culpado e envergonhado por sentimentos que consideramos inaceitáveis. Estamos convencidos de que a única maneira para ser uma pessoa boa é reprimir esses sentimentos. No entanto, se sufocamos os verdadeiros sentimentos por muito tempo, eles podem aflorar de maneiras que nos obriguem a parar e procurar o que está errado.

### A História de Tilde

Tilde tinha tantos motivos para sentir-se grata que até sentia culpa. Sua mãe solteira, Kajsa, era sueca e trabalhava como profissional de limpeza para sustentar ambas. Então, elas se mudaram para os Estados Unidos em busca de uma vida melhor. Kajsa juntava até moedas para que Tilde tivesse uma boa educação. Tilde aproveitou bem as oportunidades e conseguiu uma bolsa de estudos para fazer um curso avançado de design gráfico. Ela estava quase concluindo o curso quando me procurou em razão de um episódio de depressão. Embora ainda conseguisse estudar, toda manhã ela tinha dificuldade para enfrentar o dia. Assim que saía da cama, seu único desejo era voltar para debaixo das cobertas.

Ao rastrear a depressão, descobrimos que a causa eram os telefonemas para sua mãe, que estava cada vez mais petulante e amarga à proporção que Tilde estava perto de concluir seus estudos. Kajsa sempre fora emotiva e nunca deixava a filha esquecer que ela a criara sozinha após ser abandonada pelo marido e vir para os Estados Unidos. Em todas as conversas, Kajsa se queixava de doenças físicas e de pessoas que recentemente a haviam prejudicado.

Além de compassiva, Tilde sentia que devia tudo à sua mãe, mas estava ficando esgotada e muito tensa ao ouvir seus relatos raivosos sobre o quanto sofria. Nada que Tilde dizia à mãe parecia ajudá-la.

Perguntei como Tilde se sentia quando Kajsa repelia sua simpatia e continuava a se queixar. Em princípio, ela dizia apenas que se sentia culpada por não conseguir fazer a mãe melhorar e uma filha ingrata por desfrutar a vida enquanto Kajsa sofria. Mas persisti e perguntei como seu corpo reagia ao ouvir a voz da mãe. Então, Tilde caiu em si e ficou espantada ao identificar o sentimento: "Eu não gosto dela", sussurrou.

Essa era a verdade emocional de Tilde, que estava em guerra com sua fantasia de cura na infância de que por fim daria amor suficiente a Kajsa para compensar sua vida decepcionante. A culpa e gratidão exageradas de Tilde a impediam de admitir suas verdadeiras emoções em relação à mãe. A narrativa familiar oficial era de que Kajsa sacrificara tudo e, portanto, merecia a atenção e devoção total da filha. Quando Tilde começou a se ressentir com as queixas incessantes da mãe, sua culpa transformou a raiva reprimida em depressão.

A depressão de Tilde acabou assim que ela admitiu seus sentimentos genuínos em relação a Kajsa. Por fim, ao reconhecer que não gostava da mãe, embora lhe fosse grata, ela se libertou de um laço nocivo. E percebeu que podia manter contato com a mãe, mas sem fingir que se sentia da maneira "esperada".

----

## Exercício: Checando se você tem sentimentos ocultos

Sempre que estiver muito ansioso ou abatido, faça esse exercício para descobrir se você está ocultando alguns sentimentos. Reflita sobre as vezes em que você se sente pior e se isso tem a ver com pensar sobre uma certa pessoa. (Conforme aponta minha experiência, os dois sentimentos que as pessoas mais relutam para admitir são temer ou não gostar de alguém.)

Enquanto pensa sobre como exprimir com palavras seus sentimentos reprimidos em relação a essa pessoa, recomendo o uso de frases claras e simples e que esteja sozinho, para não se preocupar com as reações alheias. Então, diga em voz alta ou sussurre sua verdade com sinceridade. Você pode tentar uma frase como: "eu não gosto quando essa pessoa...", para descrever seu comportamento. Ao acessar seus verdadeiros sentimentos, você sentirá que a tensão se desfaz e um alívio corporal se instaurou. Não deixe a culpa inibi-lo. Você está falando consigo mesmo visando a autodescoberta.

Ninguém pode escutá-lo e a situação é totalmente segura.

Alguns acham que é necessário confrontar a outra pessoa para obter uma resolução cabal, mas penso que, muitas vezes, isso é contraproducente e gera ansiedade demais. Expor seus sentimentos pode causar uma ansiedade desnecessária – sem mencionar o risco de um contragolpe – quando você está apenas começando a entrar em contato com seus sentimentos reais. Antes de falar com a pessoa, você precisa recobrar a capacidade de admitir os próprios sentimentos. Quero deixar claro que o que ajuda não é enfrentar a outra pessoa, e sim saber o que realmente você sente. Admitir seus verdadeiros sentimentos e declará-los em voz alta pode fazer uma enorme diferença para reconquistar sua paz emocional.

---

## Despertando para a raiva

Como a raiva é uma expressão da individualidade, essa é a emoção dos filhos mais punida por pais emocionalmente imaturos. Mas a raiva pode ser útil, pois dá energia para as pessoas fazerem as coisas de outra forma e se autoafirmarem. Em geral, é um bom sinal quando as pessoas excessivamente responsáveis, ansiosas ou deprimidas começam a ficar cientes de sua raiva. Isso indica que seu verdadeiro eu está vindo à tona e que elas estão começando a se cuidar.

### A História de Jade

Jade se sentia mal por ter raiva com muita frequência e, principalmente, porque esse sentimento era direcionado a seus pais. Durante anos ela achou que a solução era fingir que não sentia isso, pois secretamente temia ser uma rebelde que se irritava à toa.

Mas a raiva de Jade parecia ter raízes no fato de que seus pais desdenhosos e frios ignoravam seus sentimentos. Quando finalmente começou a pensar sobre sua raiva em termos da negligência com suas necessidades emocionais, ela conseguiu ter outra visão: "Agora eu acho que haveria algo errado comigo se eu não ficasse com raiva! Há muitas razões para eu ter raiva e ela vem direto do meu âmago. Ela é muito empoderadora. Eu não quero mais viver uma mentira. Tem sido muito solitário e decepcionante tentar me relacionar com meus pais. Quando estou com eles, sinto-me isolada".

Após aceitar sua raiva, Jade conseguiu enxergar sua fantasia de cura claramente pela primeira vez. Ela achava que poderia curar sua família sendo extremamente amorosa e explicou isso da seguinte maneira: "Eu tentava achar que todos eram bons e se amavam, pois era ingênua. Eu achava que se fosse boa com as pessoas, tudo entraria nos eixos. Meus pais me amariam e meu irmão e minha irmã se importariam com meus interesses. Mas agora aprendi que preciso fazer o que acho certo e confiar em mim mesma, pois gosto muito da minha própria companhia. Não quero mais perder tempo e espero encontrar pessoas em quem eu possa confiar, em vez de investir em pessoas distantes ou egoístas. Vou me manter cordial e polida, mas não vou me aproximar só para ficar decepcionada".

# Despertando para cuidar-se melhor

Os internalizadores são notórios por não lidar muito bem com o autocuidado. Achando que cabe a eles melhorar e consertar tudo, acabam negligenciando a própria saúde, sobretudo a necessidade de descansar. Como se esforçam muito para dar conta de tudo, frequentemente fazem vista grossa até a sinais físicos básicos, como dor e fadiga.

## A História de Lena

Apesar de seus esforços para simplificar as coisas, Lena vivia sob muita pressão e sempre sentia que lhe faltava tempo para dar conta de tudo. Era como se uma voz em sua cabeça lhe dissesse constantemente para continuar se empenhando e que seus esforços nunca eram adequados. Até atividades prazerosas como tocar piano se tornaram maratonas nas quais ela tinha de superar a preguiça e dar o melhor de si. Ela só fazia uma pausa quando estava totalmente esgotada.

Além de trabalhar arduamente no emprego em tempo integral, sua vida era ditada pelas demandas alheias, inclusive dos animais de estimação e aves que alimentava no quintal. Uma planta murcha a enchia de culpa por não a ter regado antes.

Quando começou a fazer aulas de exercícios físicos para relaxar, ela se esgotava tentando acompanhar tudo com perfeição. Durante as aulas, ela se cobrava: "eu deveria conseguir fazer esse movimento. Afinal, é uma moleza". Na manhã seguinte, acordava incapaz de pensar ou funcionar bem, mas só percebia que tinha exagerado quando tentava subir alguns degraus. Os exageros chegaram ao ponto de seu corpo estar tão dolorido que mal podia erguer as pernas.

Por causa de sua mãe exigente, Lena tinha o velho hábito de ignorar os sinais corporais da fadiga. Na infância, se não fizesse as coisas rapidamente nem se empenhasse muito, sua mãe a recriminava por ser preguiçosa. Em consequência, nunca fazia as coisas em seu próprio ritmo e era insensível a seus limites físicos.

Lena fora condicionada a acreditar que ser uma pessoa boa implica se esforçar para conseguir, mesmo que isso significasse estar sempre um tanto desequilibrada e nunca preparada a contento. Em sua batalha para conseguir a aprovação e o amor da mãe, ela desenvolveu a crença de que só seria merecedora de alguma coisa quando realmente se empenhasse muito. Sua fantasia de cura na infância era de que um dia conseguiria que sua mãe perenemente insatisfeita passasse a apreciá-la e reconhecesse o quanto ela se esforçava para agradá-la.

Os esforços exagerados de Lena também eram encorajados pela sociedade em geral, por meio de ditados como: "Tente ao máximo", "Nunca desista" e "Sempre dê o seu melhor". Para uma pessoa excessivamente motivada como Lena, tais mensagens eram um veneno mental. É desnecessariamente exaustivo sempre tentar dar o melhor de si. É mais sensato saber quando fazer isso ou não. Felizmente, após perceber que sua fantasia de cura estava lhe causando tanto mal, Lena conseguiu remodelar seus valores e a levar as próprias necessidades em conta.

## Despertando com o rompimento de relações

Problemas de relacionamento dão grandes oportunidades para despertar. Como tendemos a manter padrões dolorosos aprendidos na infância nos relacionamentos adultos importantes, não surpreende que tantas pessoas façam terapia em virtude de problemas de relacionamento. Como relacionamentos íntimos adultos são tão excitantes emocionalmente, eles tendem a ativar problemas pendentes em relação a necessidades emocionais não atendidas. Frequentemente, nós projetamos questões vividas com nossos pais nos parceiros; então, ficamos com mais raiva deles, pois em um nível inconsciente, fazem com que lembremos do passado, assim como daquilo que está acontecendo no presente.

### A História de Mike

Mike chegara recentemente ao fundo do poço após cortes orçamentários em seu trabalho e um divórcio que o deixou quase sem um vintém. Até então sua vida girava em torno de ser um sucesso aos olhos de todos, especialmente da mulher e de sua mãe. Agora fazendo terapia, ele estava muito empenhado em identificar valores mais compatíveis com seu verdadeiro eu.

No processo, ele estava começando a se valorizar pelo que era, incluindo seus pontos fortes e talentos.

Enquanto refletia sobre seu passado, Mike disse: "eu não tomava decisões baseadas em meus sentimentos, e sim no que outras pessoas queriam. Fiz isso durante 35 anos, incluindo suportar um casamento sem amor e, afinal, nada restou. Mas talvez eu quisesse que meus problemas recentes acontecessem e estivesse esperando as coisas desmoronarem. Fui espezinhado e humilhado, e agora, prestes a ser demitido, finalmente estou feliz".

Apesar de suas perdas materiais e decepções, Mike finalmente conseguiu se livrar da fantasia de cura de que seria amado se cuidasse dos outros, em detrimento de si mesmo. A enorme dívida financeira que contraiu em razão do divórcio era uma metáfora adequada para o quanto lhe custou ser alguém que de fato não era por tantos anos.

Percebendo seu desespero para ser aceito pelos outros, Mike admitiu: "eu achava que não era tão bom quanto as outras pessoas".

Portanto, me olhou, sorriu e perguntou: "Então, como definir uma pessoa bem-sucedida?". E ele mesmo respondeu, "acho que em primeiro lugar é preciso se livrar do 'sucesso' e finalmente ver quem você é como indivíduo".

## Despertando para não idealizar os outros

Uma das fantasias mais persistentes é a de que nossos pais são mais sábios e sabem mais do que nós. Pode ser embaraçoso e até assustador para as crianças verem as fraquezas dos pais. Até pessoas adultas podem relutar muito para admitir a imaturidade de seus pais. É mais fácil manter a ingenuidade em relação às limitações deles do que analisá-las objetivamente. Talvez tenhamos o sentimento subconsciente de que devemos proteger as vulnerabilidades dos pais.

### A História de Patsy

Minha paciente Patsy claramente tinha mais maturidade emocional do que seu marido impulsivo e sua mãe petulante, que morava com o casal. No entanto, Patsy recuou quando observei que ela parecia ser a pessoa mais madura em seu contexto familiar. "Ah, eu não gosto de pensar nisso!", objetou. Ela disse que isso parecia desleal e que não se achava especial nem superior em nada.

Embora possa ser louvável, a humildade não estava fazendo bem a Patsy, pois a fazia ignorar uma realidade gritante. Idealizar a mãe e o marido, enquanto negava os próprios pontos fortes, não estava fazendo bem a ela. Quando conseguiu admitir que tinha mais maturidade do que os dois, ela passou a ser mais objetiva em relação ao comportamento deles. Parou de lhes atribuir qualidades positivas que não tinham e impôs limites. Ela também parou de desperdiçar energia fingindo ser menos do que era, para que eles pudessem fingir ser mais do que eram.

## Despertando para seus pontos fortes

É importante que as pessoas valorizem conscientemente os próprios pontos fortes. Lamentavelmente, as crianças cujos pais são emocionalmente imaturos não desenvolvem muito apreço por suas qualidades positivas, pois seus pontos fortes não são reconhecidos por esses pais egoístas. Em consequência, elas ficam um pouco constrangidas de pensar em si mesmas em termos de suas qualidades mais positivas. Afinal, estão acostumadas a direcionar os holofotes para os outros e temem arranjar encrenca se reconhecerem os próprios pontos fortes.

No entanto, é crucial saber quais são seus trunfos e articulá-los. Isso provê autovalidação e lhe permite sentir-se bem com sua contribuição para o mundo. Esse autorreconhecimento fomenta a energia e a positividade.

Embora possam ajudá-lo a manter as coisas em perspectiva, a modéstia e a humildade não devem impedi-lo de reconhecer suas maiores qualidades.

## Despertando para um novo conjunto de valores

O terapeuta familiar e assistente social Michael White desenvolveu uma forma de psicoterapia denominada terapia narrativa (2007). Sua abordagem se baseou na ideia de que é crucial que as pessoas se conscientizem do significado e das intenções dos roteiros que seguem em suas vidas. No processo de descobrir a história de vida dos pacientes, o terapeuta trabalha para expor os valores adotados por pessoas autonegligentes e as instiga a atualizar seus princípios fundamentais, optando conscientemente por novos valores.

## A História de Aaron

Aaron era um tipo forte e silencioso que sempre seguiu um código de conduta que envolvia não pressionar por reconhecimento. Ele sempre gostou de teatro e representação, mas nunca teve coragem de pedir um papel mais importante a um diretor, pois achava que pareceria mimado caso se promovesse, e que intervir em seu próprio benefício era um sinal de fraqueza.

No entanto, Aaron começou a se dar conta de que seu código de não se expor acabava dando a dianteira para outras pessoas. Além disso, os outros frequentemente se aproveitavam de seus talentos sem oferecer reciprocidade. Ele percebeu que sua fantasia de cura, na qual esperava que figuras de autoridade reconhecessem espontaneamente seu potencial, não estava dando frutos. Decidiu então adotar a estratégia de ir atrás do que queria e começou a buscar oportunidades e lutar por elas. Refletindo sobre uma mudança de trabalho, ele disse: "no passado, eu ficaria relutante em fazer isso por mim, mas agora não". Finalmente, ele se enxergou como digno de se posicionar e investir em si mesmo.

## Despertando ao se livrar do peso da infância

Superar os danos emocionais na infância é a maneira mais efetiva de despertar e não repetir o passado. Quando eu digo "superar", refiro-me ao processo mental e emocional de se atracar com realidades dolorosas. É como o processo de decompor algo grande demais para engolir: você mastiga o problema até ele se tornar uma parte digerível de sua história.

Pesquisas sugerem que o que aconteceu com as pessoas é menos importante do que elas processarem tais acontecimentos. Em um estudo sobre as características de pais que criam crianças com apego seguro, os pesquisadores descobriram que a maioria desses pais tinha disposição para relembrar e falar sobre as próprias infâncias (Main, Kaplan e Cassidy, 1985). Embora alguns tivessem passado por experiências muito difíceis na infância, seus relacionamentos com os filhos eram seguros, pois eles despenderam tempo refletindo e integrando suas experiências passadas e estavam à vontade com seus aspectos negativos e positivos.

É fácil imaginar por que crianças com pais desse tipo demonstravam um apego seguro. Esses pais não evitavam a realidade e, como encararam o próprio passado, estavam totalmente disponíveis para se conectar com os filhos e gerar um apego seguro.

## Resumo

O verdadeiro eu encontrará maneiras para se expressar, por mais que uma pessoa se esforce para desempenhar um papel ou manter uma fantasia de cura. Quando ignoram por muito tempo seu verdadeiro eu, as pessoas podem desenvolver sintomas psicológicos. Despertar para as necessidades do verdadeiro eu pode parecer inicialmente um desabamento. Pânico, raiva e depressão estão entre os sintomas que podem sinalizar um despertar emocional para a pessoa se cuidar melhor e adotar valores mais saudáveis. Quando processam seus problemas de infância e despertam para seus pontos fortes, as pessoas adquirem confiança para começar a viver de acordo com sua verdadeira essência.

No próximo capítulo, exploraremos como a objetividade e autoconsciência recém-adquiridas podem ser usadas para interagir de outra maneira com os membros emocionalmente imaturos da família.

## Capítulo 8

# Como evitar ser fisgado por um pai ou mãe emocionalmente imaturo

É difícil ver os próprios pais como seres humanos falhos. Na infância, acreditamos que nossos pais conseguem fazer tudo. A adolescência e a independência na vida adulta enfraquecem nossa perspectiva de que eles são totalmente poderosos, mas não a erradicam. Portanto, mesmo que eles não sejam amorosos, alimentamos a esperança que eles poderiam ser assim se quisessem.

Certos dogmas culturais também nos impedem de ver nossos pais com clareza. A maioria das pessoas é condicionada a ter as seguintes crenças:
- Todos os pais amam seus filhos;
- O pai e a mãe são pessoas em quem podemos confiar;
- O pai e a mãe sempre estarão disponíveis;
- Qualquer coisa pode ser dita aos pais;
- O amor dos pais é incondicional;
- O lar sempre estará de portas abertas ao seu retorno;
- Pais só pensam no melhor para seus filhos;
- Os pais sabem mais que os filhos;
- Não importa o que façam, os pais só desejam o bem de seus filhos.

Mas caso seus pais sejam emocionalmente imaturos, muitas dessas afirmações podem não ser verdadeiras.

Este capítulo versa sobre o que está por trás de suas esperanças infantis e dos clichês culturais, proporcionando maior clareza na análise de seus pais. Uma nova maneira para lidar com seus pais será proposta e você aprenderá a ser tolerante e não aguardar um retorno, assim como a proteger suas emoções e individualidade aproximando-se deles com mais neutralidade. Em princípio, porém, vamos examinar uma fantasia comum que impede as pessoas de se relacionarem com os pais de maneira realista.

## A fantasia de que o pai ou a mãe irão mudar

Uma fantasia comum das crianças negligenciadas é que seus pais emocionalmente imaturos irão mudar, passando a se importar com elas e, finalmente, as amando. Lamentavelmente, pais egoístas recusam todos os convites para cumprirem sua parte na fantasia de cura dos filhos. Focados na própria fantasia de cura, eles esperam que os filhos compensem o que sofreram em sua infância.

Em busca do amor redentor dos pais, muitas crianças ficam girando em torno deles como aves famintas, tentando obter uma migalha de resposta positiva. Quando se tornam adultas, muitas aprendem várias habilidades de comunicação saudáveis na esperança de melhorar seu relacionamento com os pais. Elas acham que finalmente têm as técnicas necessárias para atrair os pais para uma interação gratificante.

### A História de Annie

Apesar de suas fortes convicções religiosas, Betty, a mãe de Annie, sempre foi insensível e sua maneira de tratar a filha na infância, às vezes, beirava o abuso físico e emocional. Embora submetida a maus-tratos por muito tempo, Annie chegou ao ponto da virada quando Betty fez um comentário depreciativo sobre ela diante de seus colegas em uma cerimônia de premiação no trabalho. Annie ficou profundamente magoada e constrangida diante dos amigos. O insulto foi tão espalhafatoso que Annie tinha certeza de que desta vez a mãe não poderia negar a natureza e o momento totalmente inadequados de seu comentário. Mas Betty não assumiu a responsabilidade, negando friamente que havia feito algo errado.

Nos dias posteriores, Annie continuou tentando fazer Betty entender o quanto estava magoada. Por fim, escreveu uma carta para a mãe dizendo como se sentia e pedindo para terem uma conversa franca. Annie refletiu muito enquanto escrevia a carta, que ficou bem articulada, na esperança de que Betty se arrependesse de seu comportamento cronicamente insensível durante tantos anos. Mas Betty não deu resposta alguma. O abismo entre as duas aumentou fazendo Annie ter a impressão que não tinha a menor importância para a mãe.

"Tenho vontade de dizer em alto e bom som: 'sou sua filha!'", disse Annie quase chorando. "Assassinos matam pessoas, mas suas mães continuam amando-os. Nós somos uma família; como minha mãe pode me ignorar?"

Essa não foi a primeira vez que ela tentou acessar Betty emocionalmente. Após começar a terapia, Annie tentava se expressar e conduzir as coisas de maneira saudável sempre que seus pais eram mesquinhos ou desrespeitosos. Embora menosprezasse rotineiramente as tentativas de aproximação da filha, Betty sempre estava em contato para poder ver os três filhos pequenos de Annie. Mas dessa vez foi diferente.

"O que eu não consigo superar é que ela não emite nada, nem sequer raiva", disse Annie. "Tudo o que eu quero é algum nível de resposta que mostre que isso importa, mesmo que ela tenha ficado com raiva de mim".

Além de magoada, Annie estava confusa. Embora Betty se recusasse a responder, Annie sabia que sua mãe era sociável e capaz de demonstrar bondade e generosidade com outras pessoas. Annie entendia que esses relacionamentos eram mais superficiais, mas isso não lhe servia de consolo. "Era de se esperar que minha mãe tivesse algum desejo natural de melhorar as coisas entre nós – algum tipo de admissão ou talvez algum sinal por meio do meu pai". O rosto de Annie estampava sua dor e incredulidade.

Annie estava pesarosa por não ter uma mãe emocionalmente solidária e levaria tempo para superar isso, mas também estava ciente de que sua insistência estava piorando as coisas e que era importante refletir sobre isso. Embora confusa, estava fazendo o possível para restaurar o relacionamento comunicando-se claramente, fazendo apelos respeitosos e sendo emocionalmente sincera, mas não sabia como o problema poderia ser resolvido sem que ela e a mãe conversassem a respeito.

Então, eu disse: "Annie, você está fazendo todas as coisas certas tentando estabelecer uma conexão com sua mãe. Faz sentido total você buscar intimidade emocional com ela, mas acho que ela não consegue tolerar isso. Embora você só esteja tentando se relacionar, sua mãe provavelmente vê isso como uma grande ameaça ao próprio equilíbrio. Afinal de contas, ela é desse jeito há anos e não consegue lidar com sua abertura e sinceridade. É como se ela tivesse fobia de cobras e você insistisse em jogar uma cobra grande e gorda em seu colo. Por mais que isso tivesse algum significado para você, ela não suportaria". A proximidade emocional requer um nível de maturidade emocional que a mãe dela simplesmente não tinha. Mas o silêncio materno fazia Annie se sentir como uma refém emocional, que não sossegaria enquanto sua mãe não ficasse feliz com ela.

Eu disse que a única maneira de voltar a se aproximar de Betty era Annie parar de mencionar o quanto seu comportamento era ofensivo. Annie precisava achar um jeito de seguir em frente sem depender da mãe, pois essa é a única solução para quem tem pais com aversão por intimidade emocional.

Expliquei que ela poderia ter um relacionamento com a mãe, mas não do tipo que tanto desejava. A melhor opção era administrar bem suas interações, ao invés de buscar intimidade emocional.

Annie estava aberta às minhas sugestões, mas continuava confusa. Ela se lembrou de que, quando era criança, Betty ficava muito angustiada quando visitava a própria mãe, a qual também a rejeitava. Após essas visitas nas quais sentia o repúdio materno, Betty ficava soluçando de tristeza e só tinha Annie para consolá-la. "Como ela pode fazer a mesma coisa agora com a própria filha?", questionou Annie. "Após sofrer tanto, é de se imaginar que ela detestaria agir da mesma maneira comigo". O argumento era bom, mas Betty só estava transmitindo seu trauma, algo que as pessoas tendem a fazer quando reprimem seu sofrimento na infância.

Annie estava tão determinada a conquistar a aprovação materna que parou de avaliar o relacionamento entre as duas e nunca refletiu se Betty era o tipo de pessoa com quem gostava de estar.

## Criando um novo relacionamento

O restante deste capítulo mostra como lidar com um pai ou mãe emocionalmente imaturo, assim como com outras pessoas, mudando suas expectativas e substituindo a reatividade pela observação. Três abordagens-chave o ajudarão a se libertar da armadilha da imaturidade emocional de seus pais: observação neutra, consciência da maturidade e abandonar o seu falso eu.

## Observação imparcial

O primeiro passo para conquistar sua liberdade emocional é avaliar se um de seus pais ou ambos eram emocionalmente imaturos. Como prosseguiu lendo o livro, provavelmente você detectou que ao menos um de seus pais se encaixa nessa descrição, pois nunca foi amoroso conforme você desejava em sua infância. Portanto, a única meta viável é agir de acordo com sua verdadeira natureza, não com o falso eu que agrada à essa pessoa. Seu pai ou mãe não podem ser persuadidos a mudar, mas você pode se salvar.

Grande parte do meu entendimento de como isso funciona se deve ao terapeuta familiar Murray Bowen. Sua teoria familiar sistêmica (1978) descreve como pais emocionalmente imaturos promovem o enredamento emocional em detrimento da identidade individual. É importante salientar que o enredamento ocorre quando os pais não respeitam os limites, projetam suas questões irresolvidas nos filhos e se envolvem demais nos assuntos deles. Em famílias dominadas por pessoas emocionalmente imaturas, o enredamento e os papéis predeterminados são valorizados, a fim de manter a "união". Naturalmente, não há comunicação genuína nem intimidade emocional em tais famílias. Ninguém tem seu verdadeiro eu reconhecido. Além disso, em uma família enredada, caso tenha um problema com alguém, você não fala diretamente com essa pessoa, e sim com as outras. Bowen denominou isso de triangulação e apontou que o enredamento é a cola que mantém essas famílias.

Bowen também explorou como essa situação pode ser remediada, pelo menos para alguns membros da família. Então, descobriu que a observação e a imparcialidade emocional fazem os indivíduos manterem um distanciamento saudável de seu sistema familiar. Quando mantêm uma postura de observação neutra, eles não se magoam e evitam as ciladas do comportamento alheio.

### Tornando-se observador

Ao interagir com pessoas emocionalmente imaturas, é mais fácil ficar centrado mantendo uma perspectiva calma e sensata, ao invés de se deixar levar pela reatividade emocional. Comece se acalmando e entrando em um estado mental neutro e observador. É possível fazer isso de várias maneiras.

Por exemplo, conte suas respirações lentamente, retese e relaxe seus grupos musculares em uma sequência sistemática ou imagine cenas tranquilizantes.

A seguir, fique neutro emocionalmente e observe como os outros se comportam. Faça de conta que está fazendo um estudo antropológico. Com que palavras você descreveria as expressões faciais dos outros? O que a linguagem corporal deles está dizendo? As vozes deles parecem calmas ou tensas? Eles parecem rígidos ou receptivos? Como eles reagem com a sua tentativa de relacionar-se? Como está se sentindo? Você detectou algum dos comportamentos emocionalmente imaturos descritos nos Capítulos 2 e 3?

Se você estiver observando seu pai ou mãe ou outros entes queridos e ficar emotivo, essa angústia é um sinal de que sua fantasia de cura foi ativada. Você voltou a acreditar que não pode ficar bem se eles não o validarem. Se começar a embarcar na fantasia de que conseguirá mudar a outra pessoa, sentirá fraqueza, vulnerabilidade, apreensão e carência. Essa sensação extremamente desagradável de fraqueza é um sinal de que você precisa parar de reagir emocionalmente e voltar ao modo de observação.

Ao sentir-se reativo, repita mentalmente: "neutralize, neutralize, neutralize", e descreva silenciosamente a outra pessoa. Durante a interação estressante, esse tipo de narração mental faz você voltar a ficar centrado. Sempre que você tenta achar as palavras exatas para descrever algo, isso ajuda a desviar a energia do seu cérebro da reatividade emocional. O mesmo se aplica para controlar suas reações emocionais. Narrar silenciosamente suas reações emocionais pode lhe dar mais objetividade para acalmar a situação.

Se a outra pessoa ainda o procurar, ache alguma desculpa para continuar mantendo a distância. Peça licença para sair da sala e ir ao banheiro, brinque com o cachorro, dê uma caminhada ou diga que precisa sair para um compromisso. Olhe pela janela e observe a natureza. Se estiver interagindo por telefone, ache um pretexto para desligar e diga que vocês voltarão a se falar em outra ocasião. Enfim, use qualquer desculpa para retomar um estado mental mais neutro e de observação.

Como pode ver, o estado de observação não é passivo, e sim um processo ativo, além de ser a saída ideal do enredamento emocional. À medida que pratica a observação, você ficará mais forte e confiante em sua capacidade para ver o que realmente está acontecendo, especialmente agora, que tem uma compreensão maior sobre a imaturidade emocional. Você não precisa mais ser a criança indefesa e devastada pelos arroubos desequilibrados de seus pais. Sua mente clara e postura observacional o manterão forte, independentemente do que a outra pessoa fizer.

## Afinidade versus relacionamento

Observar lhe permite ficar em um estado de afinidade com seus pais ou outros entes queridos, sem cair na cilada de suas táticas e expectativas emocionais sobre como você deveria ser. Afinidade é diferente de relacionamento. Na afinidade há comunicação, mas sem a meta de obter um intercâmbio emocional satisfatório. Você continua em contato, lida com os outros quando preciso e tem interações toleráveis, mas sem ultrapassar os limites que funcionam para você.

Em contraste, envolver-se em um relacionamento real significa manter a abertura e a reciprocidade emocional. Se tentar isso com pessoas emocionalmente imaturas, você se sentirá frustrado e anulado. Assim que começar a buscar a compreensão emocional por parte dessas pessoas, você ficará interiormente desequilibrado. Faz mais sentido buscar uma afinidade simples com elas e canalizar suas aspirações em termos de relacionamento para pessoas que possam lhe tratar com reciprocidade.

## A abordagem em relação à maturidade consciente

Após se habituar a ser observador ao invés de inteiramente focado em relacionamentos, você pode direcionar sua atenção para a consciência da maturidade. Essa abordagem lhe trará a liberdade emocional dos relacionamentos dolorosos, pois você levará em conta a maturidade emocional dos outros. Calcular o provável nível de maturidade da pessoa com quem você está lidando é uma das melhores maneiras de se cuidar em qualquer interação. Ao detectar o nível de maturidade da pessoa, as reações dela farão mais sentido e serão mais previsíveis.

Caso a outra pessoa demonstre imaturidade emocional conforme descrito nos Capítulos 2 e 3, há três maneiras de se relacionar com ela sem perder a calma:

Expressar e deixar para trás;
Focar no resultado, não no relacionamento;
Administrar sem se envolver.

### Expressando e deixando para trás

Diga o que tem a dizer para a outra pessoa da maneira mais calma e objetiva possível, e não tente controlar o resultado. Diga explicitamente o que você sente ou quer e viva esse ato de autoexpressão, mas sem esperar que a outra pessoa o escute ou mude. Você não pode obrigar os outros a terem empatia ou compreensão. O importante é se sentir bem consigo mesmo para se envolver no que eu chamo de: comunicação íntima clara. Os outros podem ou não reagir conforme você espera, mas isso não importa. O essencial é que você expressou seus verdadeiros pensamentos e sentimentos de maneira calma e clara. Essa meta é viável e só depende de seu controle.

### Focando no resultado, não no relacionamento

Pense bem sobre o que realmente está tentando obter da outra pessoa nessa interação. Seja sincero. Você quer que seu pai o escute? Que ele o compreenda? Que ele se arrependa de seu comportamento? Que lhe peça desculpas? Que faça as pazes?

Se sua meta envolve obter a empatia ou uma mudança de postura de seu pai ou sua mãe, pare imediatamente e defina outra meta que seja específica e viável. Relembrando, você não pode esperar que pessoas imaturas e emocionalmente fóbicas mudem. No entanto, você pode definir uma meta específica para a interação.

Identifique o resultado específico que você quer em cada interação e defina-o como meta. Aqui estão alguns exemplos: "Embora fique nervoso, vou abrir o jogo com minha mãe"; "Vou dizer aos meus pais que não irei para casa no Natal" e "Vou pedir ao meu pai para não ser rude com as crianças".

Sua meta talvez seja apenas expressar seus sentimentos. Isso é viável, pois você pode pedir para os outros escutarem, embora não possa fazê-los entender. Ou seja, sua meta poderá ser tão simples como chegar a um acordo sobre onde a família se reunirá para a ceia no Natal. A chave é sempre entrar na interação sabendo aonde você quer chegar.

Vou ser bem clara: foque no resultado, não no relacionamento, pois do contrário, assim que você focar no relacionamento e tentar melhorá-lo, ou levá-lo para um nível emocional, a interação com uma pessoa emocionalmente imatura se deteriorará. A pessoa regredirá emocionalmente e tentará controlá-lo para que você pare de perturbá-la. Caso mantenha o foco em uma questão ou resultado específico, você terá mais chance de acessar o lado adulto da pessoa.

Naturalmente, se você estiver lidando com uma pessoa empática, é saudável abordar os problemas emocionais no relacionamento. Com pessoas emocionalmente maduras, é possível conversar sinceramente sobre o que sente e elas também vão expor seus sentimentos e pensamentos. Desde que ambas as pessoas tenham maturidade emocional suficiente, esse tipo de comunicação íntima e clara fará com que as duas se conheçam melhor e se sintam acalentadas emocionalmente.

## Administrando sem se envolver

Em vez de se envolver emocionalmente com pessoas imaturas, trace a meta de administrar a interação, incluindo a duração e os assuntos. Talvez seja preciso redirecionar constantemente a conversa no sentido que você deseja. Você deve se desembaraçar gentilmente das tentativas da outra pessoa de mudar o assunto ou de fisgá-lo emocionalmente. Seja cortês, mas prepare-se para abordar o assunto quantas vezes for preciso até obter uma resposta clara.

Pessoas emocionalmente imaturas não têm uma boa estratégia para se contrapor à persistência dos outros. Em última instância, elas desistem de desviar e evitar um tema se você persistir na pergunta. É importante salientar também que é preciso administrar suas emoções observando-as e as narrando para si mesmo, ao invés de ficar reativo.

## Algumas preocupações comuns com a abordagem em relação à maturidade consciente

Ao tomar conhecimento dessa abordagem, as pessoas tendem a ter certas preocupações em relação a ela, especialmente se for para usá-la com seus pais. Aqui estão algumas das preocupações que ouço com mais frequência e as respostas para todas elas.

Preocupação: Acho que essa é uma maneira fria e frustrante de me relacionar com meus pais. Eu não quero ficar racionalizando a cada segundo que estou com eles.

Resposta: Se as coisas estiverem fluindo bem e está sendo prazeroso estar com eles, não é preciso usar essa abordagem. Mas se você começar a ficar emotivo, com raiva ou decepcionado, é melhor passar a observar objetivamente e a administrar a interação. Você não está sendo calculista, e sim focando no que o ajuda a manter o equilíbrio emocional.

Preocupação: Eu me sinto culpado e trapaceiro quando mantenho uma certa distância mental dos meus pais, pois quero ser aberto e natural com eles.

Resposta: Observar conscientemente não é uma trapaça nem um logro, e sim uma defesa para não ser tragado por um redemoinho de reações que só pioram as coisas para todos. Como adulto, você quer pensar com autonomia, inclusive durante as interações com outras pessoas. Ter uma autoconsciência clara não significa que você está sendo desleal.

Preocupação: Concordo que é melhor não ser emotivo em relação aos pais, mas você não tem noção do quanto os meus podem ser intensos e manipuladores! Fico esmagado pela intensidade das reações deles.

Resposta: Todos nós podemos ficar esmagados pelas emoções alheias e isso se chama contágio emocional. Mas você ficará mais seguro se observar o que está acontecendo, ao invés de ser tragado pela situação. Um pouco de observação aliviará a pressão por sentir o sofrimento alheio. Essa angústia é dos outros, não sua. Você pode senti-la parcialmente, mas não tem de ficar tão aflito quanto eles.

Preocupação: Meus pais sempre foram muito bons para mim, custearam meus estudos e me emprestam dinheiro. Eu me sentiria desrespeitoso se os considerasse emocionalmente imaturos. Não me parece correto pensar isso sobre eles.

Resposta: Não há nada certo ou errado em relação a pensamentos. Não é uma afronta reconhecer as limitações emocionais de seus pais. Para ser um adulto emocionalmente maduro, você deve ter a liberdade de observar e avaliar os outros na privacidade de sua mente. Ter a própria opinião não é sinal de deslealdade.

Você pode respeitar seus pais pelas coisas que eles lhe oferecem, mas não tem de fingir que eles não têm fragilidades humanas. Conforme vimos no Capítulo 2, satisfazer as necessidades físicas e financeiras de uma criança é diferente de satisfazer suas necessidades emocionais. Por exemplo, se você precisava de alguém que o escutasse – e mantivesse uma conexão emocional essencial –, receber dinheiro ou uma boa educação não satisfaria essa necessidade.

Preocupação: Como é possível ficar calmo e observando quando meus pais fazem eu me sentir culpado?

Resposta: Fique centrado focando em sua respiração. Sentir-se culpado não é uma emergência. Observe o que está acontecendo e narre isso silenciosamente para si mesmo com palavras específicas. Descrever mentalmente o que está acontecendo ajuda a desviar os centros emocionais em seu cérebro para áreas mais lógicas e objetivas. Outra estratégia é contar. Desta vez, seu pai ou sua mãe continuou por quantos segundos? Olhe para um relógio e decida por quanto tempo a mais você está disposto a escutar. Quando esse prazo se esgotar, interrompa polidamente e diga que tem de sair ou desligar logo o telefone. Diga que precisa fazer alguma coisa imediatamente e se despeça. Você também pode falar para si mesmo: "Não há motivo para culpa. Eles estão tentando me impingir seus sentimentos, mas não fiz nada errado e é meu direito ter uma opinião". Tente se lembrar de que seu pai ou mãe está tentando se esquivar, então, lide com ele ou ela como com uma criança pequena perturbada: se você se mantiver calmo e focado no resultado desejado, em vez de partir para o confronto, a sensação desagradável logo vai passar.

Preocupação: Eu posso aprender e praticar essas habilidades calmamente enquanto estou sentado sozinho, mas tudo vai pelos ares quando meus pais começam a me criticar. Aí eu fico nervoso como um artilheiro na Copa do Mundo. Como posso manter a calma para observar ou administrar a interação?

Resposta: O artilheiro pode ficar nervoso na Copa do Mundo, mas pode ter certeza de que ele está fazendo o máximo para se acalmar. Uma parte essencial da psicologia dos esportes é aprender a relaxar em momentos estressantes. Sua meta é praticar para ficar menos nervoso do que o usual focando no resultado desejado. Não estamos na Copa do Mundo. Não há pressão porque não há luta para ganhar alguma coisa. Você não precisa cair na cilada da negatividade dos seus pais. A questão não é vencer ou perder, e sim parar de reagir ao contágio emocional deles.

Preocupação: Eu me preocupo muito com meus pais, pois estão sempre infelizes com alguma coisa. Apenas desejo que eles se sintam melhor.

Resposta: Você não tem poder sobre isso. E já notou que não importa o que você faça, seus pais não ficam felizes por muito tempo? O fato de se queixarem não significa, necessariamente, que a meta deles é se sentirem melhor. Essa é apenas a sua interpretação. Trate-os bem, mas não sangre por eles. A fantasia de cura e os falsos eus deles podem requerer muito sofrimento e queixas. Não cabe a você abandonar o próprio caminho e tentar lhes dar retaguarda. Caso você faça isso, é provável que eles fiquem ainda mais difíceis e desagradáveis.

## **Continuação da História de Annie**

Após meses aguentando o silêncio inflexível da mãe, Betty, Annie tentou a abordagem em relação à maturidade consciente e convidou seus pais para a acompanharem a um jogo de futebol de uma das crianças.

Nesse período, Annie achava que conseguiria manter a objetividade e o controle emocional. O resultado desejado era um encontro sem drama com seus pais, apenas para retomar o contato. Em vez de tentar envolver Betty de coração aberto, Annie ficou neutra observando e interagindo agradavelmente, mas sem esperar qualquer cordialidade de sua mãe. Seus pais chegaram atrasados como sempre e Annie os recebeu dizendo: "que bom ter vocês aqui!".

Annie deu um abraço rápido em Betty e ofereceu um lanche. Betty parecia perturbada e emotiva – mais uma vez se tornando o centro da interação –, mas como Annie relatou: "eu fiz de conta que não percebi". Annie não tentou estabelecer uma intimidade emocional com Betty, porque agora entendia que a emoção da mãe provavelmente tinha a ver consigo mesma e não refletia um desejo de se envolver com a filha. Na verdade, Betty mal falou com Annie durante todo o jogo.

Quando o jogo acabou, Betty ficou com a voz embargada, mas não falou com a filha. Annie estava mentalmente preparada e, ao invés de se irritar, simplesmente observou como Betty evitou a comunicação genuína e agiu como se fosse a pessoa ofendida.

Posteriormente, Annie resumiu esse encontro com a mãe dizendo: "Finalmente estou descobrindo que a personalidade da minha mãe é assim mesmo e isso não tem a ver comigo. Estou contente por não ter entrado no jogo dela 'se fazendo de ofendida'. Estou orgulhosa de ter conseguido separar seu comportamento da minha autovalorização".

No aniversário de Betty, Annie telefonou e deixou mensagens, mas não convidou a mãe para visitá-la. Annie se sentiu bem de fazer somente o que era emocionalmente possível para si mesma.

E não se importou com a falta de retorno telefônico de Betty. Alguns dias depois, quando Annie telefonou novamente, Betty respondeu de modo frio e lacônico. Annie foi direto ao ponto e disse: "estou surpresa com seu sumiço. Você ouviu minhas mensagens?". Betty respondeu secamente que sim, sem agradecer nem demonstrar qualquer cordialidade, então, Annie decidiu encerrar a conversa e disse: "precisamos botar a conversa em dia, mãe. Por que você não me telefona uma hora dessas? Podemos marcar um encontro ao vivo".

Após essa conversa, Annie se sentiu mais livre emocionalmente e parou de ficar obcecada com a rejeição materna. Ela passou a se relacionar com Betty de maneira adulta, em vez de representar o falso eu de uma menininha generosa que esperava algum dia conquistar o amor da mãe que só a reprovava.

Em nossa sessão seguinte, ela disse: "parei de achar que fiz alguma coisa errada. É triste que esse relacionamento importante, pelo qual sempre batalhei, nunca terá uma boa resolução. Mas o fato de que minha mãe não responde não me coloca em julgamento, pois é apenas outro indício de que ela não consegue ter um relacionamento estreito comigo. Mesmo que ela rejeite tanto minha simpatia, eu não consigo e não quero me desfazer dela".

## Livrando-se do velho falso eu

A capacidade de recuar e observar não só seus pais, mas também o próprio falso eu, marca o início da liberdade emocional. Quando entende que ficou empacada em uma falsa figura tentando realizar uma fantasia de cura, você pode passar a agir de outra maneira.

### A História de Rochelle

A mãe de Rochelle era muito exigente e esperava que a filha estivesse sempre à sua disposição. A própria Rochelle admitiu o seguinte: "Eu costumava achar que só ficaria bem se minha mãe mudasse e me reconhecesse". Mas quando resolveu observar a imaturidade emocional da mãe, em vez de ficar automaticamente magoada com isso, Rochelle sentiu uma mudança profunda: "Pela primeira vez enxerguei claramente seu comportamento e não fiquei com raiva nem decepcionada como antes, quando sentia que ela devia me reconhecer".

Como se empenhou para reconhecer a si mesma e seus sentimentos genuínos em relação à mãe, Rochelle parou de achar que devia desempenhar um certo papel para realizar a fantasia de cura da mãe dando o máximo de atenção a ela. "Não me sinto mais compelida a agir imediatamente e ser a 'boa filha' para ela. Eu não sou obrigada a assumir os problemas dela". Rochelle agora telefona para a mãe quando tem vontade e se sente livre para rejeitar seus pedidos. E como não se sente obrigada a representar o falso eu da filha zelosa, Rochelle está mais relaxada em relação à mãe.

## Mantendo o controle sobre seus pensamentos e sentimentos

A meta principal em qualquer interação com o pai, a mãe ou outra pessoa emocionalmente imatura é manter o controle sobre a própria mente e sentimentos. Para isso, é preciso se manter observacional, notando como você está se sentindo e como a outra pessoa está agindo. Com essa perspectiva, é mais fácil manter seu ponto de vista e ficar mais imune ao contágio emocional da outra pessoa.

Com os pais, ter em mente o resultado desejado na interação o ajudará a manter uma postura objetiva e observacional, independentemente de como eles se comportem. Assim, será possível raciocinar claramente, em vez de ceder às suas emoções ou reagir brigando ou fugindo. Focar em sua meta na interação o ajuda a manter seu verdadeiro eu em meio ao turbilhão de velhas fantasias de cura e expectativas em relação a seu papel.

## Sendo cauteloso com a nova abertura

Segundo Murray Bowen (1978), à medida que uma criança forma sua individualidade, a reação automática do pai ou da mãe emocionalmente imaturo é fazer algo que a obrigue a voltar a um padrão enredado. Se a criança não morder a isca, os pais desse tipo podem começar a se relacionar de uma maneira mais autêntica. Recomendo cautela se seus pais demonstrarem uma abertura incomum em reação ao fato de você ter adotado uma abordagem observacional e voltada a metas.

Se eles começarem a tratá-lo com mais respeito ou se abrirem um pouco, pode gerar vulnerabilidade e o fazer ser sugado de volta à sua velha fantasia de cura "Finalmente eles vão me dar o que eu preciso". Tenha cuidado! Sua criança interior sempre terá a esperança que seus pais finalmente mudarão e oferecerão tudo que você sempre ansiou. Mas sua perspectiva consciente deve ser mantida para que continue se relacionando com eles como um adulto independente. A essa altura, você quer ter um relacionamento adulto com eles, não uma repetição da velha dinâmica entre pais e filhos, certo?

Se embarcar novamente em suas velhas esperanças infantis, a maior abertura de seus pais, provavelmente, se evaporará instantaneamente, pois você não se sente mais seguro com eles. Relembrando, seus pais com certeza são emocionalmente fóbicos e incapazes de manter uma intimidade genuína. Se você se tornar mais aberto, eles recuarão tentando desequilibrá-lo para voltar a controlá-lo. Tais pessoas só sabem agir assim para se proteger da vulnerabilidade advinda de muita proximidade.

No final, a dinâmica geral continua igual. Seus pais ficarão emocionalmente disponíveis na proporção inversa da sua necessidade deles. Somente guiado por sua mente adulta e objetiva existirá segurança em relação a eles. A triste realidade é que eles ficam apavorados de lidar com as necessidades emocionais de sua criança interior.

Durante as interações, mantenha-se observando o momento e siga as propensões de sua verdadeira natureza. Seu verdadeiro eu conhece todos os envolvidos e a realidade da situação, então, é provável que ache justamente a resposta necessária. Mas o verdadeiro eu só pode fazer isso se você se mantiver em estado objetivo e vigilante, que está ancorado em sua individualidade.

## Resumo

Na infância, a dependência dos pais faz com que busquemos seu amor e atenção. No entanto, precisamos nos livrar dos papéis na infância para não os repetir em nossos relacionamentos adultos. A abordagem em relação à maturidade consciente o ajudará a lidar melhor com um pai ou uma mãe emocionalmente imaturo, ou com qualquer pessoa difícil e egoísta. Os resultados serão mais positivos se você tentar se relacionar com os pais de maneira neutra, ao invés de almejar um relacionamento que obviamente é inviável. Em princípio, é preciso avaliar o nível de maturidade de seu pai ou de sua mãe e manter uma perspectiva observacional durante as interações entre vocês – focar no raciocínio, ao invés de reagir emocionalmente.

Então, siga os três passos da abordagem relacionados à maturidade consciente: expressar e abandonar; focar no resultado, não no relacionamento; e administrar a interação, ao contrário de se envolver emocionalmente.

No próximo capítulo, exploraremos o caminho para as pessoas se livrarem de velhos padrões familiares. Durante a leitura, você verá o quanto é bom finalmente abandonar esses padrões de relacionamento que têm regido sua vida.

# Capítulo 9

# Como é viver livre de papéis e fantasias

Neste capítulo, exploraremos o que acontece quando você para de representar um papel a fim de se relacionar com um pai ou mãe emocionalmente imaturo. Nós veremos como novos pensamentos e atitudes podem ajudá-lo a transcender a solidão emocional imposta por um papel, ao passo que você recupera a liberdade emocional para ser verdadeiramente o que é. Libertar-se é uma batalha árdua, mas vale a pena.

## Padrões familiares que podem estar lhe refreando

Antes de mergulhar para descobrir e fomentar seu verdadeiro eu, abordaremos a dinâmica familiar que mantém as pessoas presas a velhos papéis.

### Desestímulo à individualidade

Caso seu pai ou sua mãe seja emocionalmente imaturo, sua primeira infância foi vivida tendo cautela em relação às ansiedades de uma pessoa emocionalmente fóbica. As famílias enredadas criadas por pais desse tipo são uma fortaleza em razão do seu temor em relação à individualidade. A individualidade de uma criança é vista como uma ameaça por pais emocionalmente imaturos e inseguros, pois desperta temores de uma possível rejeição ou abandono. Pensar de forma independente, pode fazê-lo criticá-los ou simplesmente ir embora. Eles se sentem muito mais seguros vendo os membros da família como personagens fictícios previsíveis, ao contrário de enxergá-los como indivíduos reais.

Para pais que temem emoções reais e abandono, a autenticidade dos filhos é uma prova assustadora de sua individualidade.

Esses pais se sentem ameaçados quando os filhos expressam emoções genuínas, pois isso torna as interações imprevisíveis e parece ameaçar os laços familiares. Por isso, tentando evitar que os pais fiquem ansiosos ou inseguros, seus filhos frequentemente reprimem quaisquer pensamentos, sentimentos ou desejos autênticos.

## Negação das necessidades e preferências individuais

Pais que precisam manter um controle rígido em virtude das suas ansiedades, constantemente ensinam aos filhos como deveriam se sentir, pensar e fazer as coisas. Crianças internalizadoras tendem a tomar essas instruções ao pé da letra e podem passar a acreditar que suas experiências internas não têm legitimidade. Pais desse tipo ensinam os filhos a se envergonharem de qualquer aspecto deles que seja original. Dessa maneira, as crianças podem passar a achar que sua singularidade e até seus pontos fortes são estranhos e indignos de amor.

Nessas famílias, as crianças que internalizam muitas vezes aprendem a sentir vergonha dos seguintes comportamentos:

- Entusiasmo;
- Espontaneidade;
- Tristeza e pesar por mágoas, perdas ou mudanças;
- Afeição desinibida;
- Dizer o que realmente sentem e pensam;
- Demonstrar raiva quando se sentem enganadas ou desrespeitadas.

Por outro lado, elas são condicionadas a achar que as seguintes posturas e sentimentos são aceitáveis ou até desejáveis:

- Obediência e deferência pela autoridade;
- Doença ou dano físico que coloque os pais em uma posição de força e controle;
- Incerteza e insegurança;
- Gostar das mesmas coisas que os pais;

- Culpa e vergonha por imperfeições ou por ser diferente;
- Disposição para escutar, especialmente as aflições e queixas do pai ou da mãe;
- Papéis tipicamente estereotipados de gênero, como meninas dóceis e meninos durões.

Caso tenha sido uma criança internalizadora, cujo pai ou mãe era emocionalmente imaturo, você aprendeu muitos conceitos autossabotadores que só atrapalham sua vida. Aqui estão os principais:
- Considerar em primeiro lugar o que os outros querem que você faça;
- Não expor o que você pensa ou quer;
- Não pedir ajuda;
- Não querer coisa alguma para si mesmo.

Crianças internalizadoras cujos pais são emocionalmente imaturos aprendem que "bondade" significa se anular ao máximo para que seus pais atendam primeiro as próprias necessidades. Elas passam a considerar seus sentimentos e necessidades como desimportantes ou até vergonhosos. No entanto, quando se conscientizam do quanto essa mentalidade é distorcida, as coisas podem mudar rapidamente.

Por exemplo, a fantasia de cura de Carolyn era que se fosse subserviente e deixasse sua mãe ser a figura central em sua vida, acabaria sendo valorizada por ela. Mas na terapia ela caiu em si: "Meu papel na família era uma ficção. Percebi que não sou um personagem no romance de outra pessoa e que posso escapar da página. Eu não quero mais estar nesse livro".

## Aderindo a uma voz parental internalizada

É intrigante como os pais conseguem condicionar uma criança a ir contra seus instintos viscerais e impulsos vitais. Isso ocorre mediante um processo que denomino internalização da voz parental. Na infância, absorvemos as opiniões e crenças dos pais como se fosse uma voz interna que está sempre fazendo comentários. Frequentemente, essa voz diz coisas como: "você deveria...", "seria melhor você..." ou "você tem de...", mas, muitas vezes, também faz comentários desabonadores sobre seu valor, inteligência ou caráter moral.

Embora esses comentários pareçam sua própria voz, na verdade são um eco de seus pais. Caso queira saber mais sobre isso, o livro *Conquer Your Critical Inner Voice* (Firestone, Firestone e Catlett, ainda sem tradução no

Brasil) pode ajudá-lo a identificar a procedência de sua voz interna e a se libertar da influência negativa.

Todos nós internalizamos as vozes dos nossos pais e é assim que somos socializados. Algumas pessoas ouvem comentários internos que são solidários, amigáveis e resolvem problemas, mas muitas podem ouvir apenas vozes raivosas, críticas ou insolentes. A presença implacável dessas mensagens negativas pode causar mais dano do que os próprios pais. Portanto, é preciso interromper essa voz antes que lhe faça mal e separar sua autovalorização dessas avaliações críticas. A meta é reconhecer a voz como algo enxertado, que não faz parte do seu verdadeiro eu nem é uma parte natural do seu raciocínio.

Para se livrar dessa voz negativa em sua cabeça, você pode usar a abordagem relacionada à maturidade consciente no Capítulo 8, a qual também serve para se relacionar com o pai ou a mãe.

Enquanto passa a ter mais objetividade em relação a seu pai ou sua mãe emocionalmente imaturo, a voz em sua cabeça será reavaliada, ajudando-o a se libertar da influência indevida. Assim como faz com seus pais, observe como essa voz interna fala com você, ouça-a fazendo as restrições cabíveis e decida racionalmente se quer continuar ouvindo esse implacável crítico interno.

## Liberdade para ser humano e imperfeito

As vozes parentais internalizadas provavelmente provêm do hemisfério esquerdo do cérebro, que abriga as funções de linguagem e de lógica. Quando o hemisfério esquerdo prevalece, o perfeccionismo e a eficiência são colocados antes dos sentimentos e o julgamento antes da compaixão (McGilchrist, 2009). Sem o equilíbrio propiciado pelo hemisfério direito, que é mais pessoal e intuitivo, o hemisfério esquerdo usará equações maquinais de certo e errado para orientá-lo. Sua voz moralista lhe dirá se você é bom ou mau, perfeito ou imperfeito, dependendo do que você realize. Esse tipo de lógica binária é um aspecto da rigidez mental que acompanha a imaturidade emocional.

### A História de Jason

Jason, um professor universitário bem-sucedido e artista amador, estava deprimido há anos. Seu pai arrogante e crítico e sua mãe egoísta não tinham a menor paciência com ele quando era criança.

Sendo assim, ele internalizou uma voz parental muito negativa e perfeccionista, que o avaliava constantemente. Não importa o que Jason fizesse, essa voz interna sempre tinha algo humilhante para dizer a respeito.

Toda vez que não conseguia fazer algo perfeitamente como essa voz interna exigia, ele reagia de imediato se julgando e se menosprezando. Além disso, nunca sabia se realmente queria fazer alguma coisa ou se apenas achava que queria porque a voz dizia que ele deveria fazê-la.

Felizmente, no decorrer da terapia, Jason ficou ciente da conexão entre essa voz interna e os pais que sempre o reprovavam. Assim como seus pais, essa voz negativa criticava todas as suas escolhas e minava constantemente sua autoconfiança.

Em vez de aceitá-la como a voz da razão, como fez durante anos, Jason finalmente a reconheceu como a voz desencarnada de seus pais e entendeu seu plano destrutivo.

A partir daí, percebeu que não tinha de acreditar quando ela o recriminava por estar sendo mau, egoísta ou preguiçoso. Em vez de se obrigar a fazer as coisas perfeitamente porque a voz lhe ordenava, ele começou a se questionar para esclarecer os próprios desejos. Quando temia fazer alguma coisa, em vez de se obrigar a fazê-la, Jason dava uma pausa e questionava: "As minhas necessidades estão sendo consideradas? Eu sou a parte beneficiada na situação? E qual é o equilíbrio entre minhas necessidades e o que a voz diz constantemente que devo fazer?"

Em toda sua vida adulta, Jason encarava as tarefas pensando: "que amolação ter de fazer isso". Agora, ele via mais alternativas, pois questionava: "preciso mesmo fazer isso imediatamente? E se isso for necessário, como e quando vou encaixar as outras coisas que eu quero fazer?" Ele aprendeu a, inicialmente, ponderar sobre o que queria, fazendo as próprias escolhas e derrotando fragorosamente a voz interna. Ao deliberar sobre o que de fato queria, Jason por fim estava se libertando da tirania de sua voz interna.

## Liberdade para ter pensamentos e sentimentos genuínos

Se seus pensamentos e sentimentos na infância perturbavam seus pais, você teve que aprender rapidamente a reprimir essas experiências internas.

Admitir suas verdadeiras emoções e pensamentos provavelmente parecia perigoso, pois poderia distanciá-lo das pessoas de quem dependia. Ao aprender que sua bondade ou maldade jaziam não só em seu comportamento, mas também em sua mente, você introjetou a ideia absurda de que seria uma pessoa má por ter certos pensamentos e sentimentos, e provavelmente mantém essa crença.

No entanto, é necessário acessar todas as suas experiências internas, sem se sentir culpado ou envergonhado. Além disso, deixar seus pensamentos e sentimentos fluírem naturalmente, sem se preocupar com seu significado, proverá mais energia. Um pensamento ou sentimento não passa de algo corriqueiro. Reconquistar a liberdade para simplesmente deixar seus pensamentos e sentimentos irem e virem sem culpa gera um alívio profundo.

Pensar e sentir é algo fora de seu controle. Ninguém planeja pensar ou sentir coisas de forma independente. Imagine o seguinte: seus pensamentos e sentimentos são uma parte orgânica da natureza se expressando através de você. A natureza não vai ser desonesta sobre como você se sente, e você não tem escolha em relação aos pensamentos que a natureza lhe impõe.

Aceitar a verdade de seus sentimentos e pensamentos não o torna uma pessoa má, e sim uma pessoa plena e madura o suficiente para conhecer sua mente.

## Liberdade para espaçar o contato

Ter liberdade para ser autêntico e se proteger, sem romper o relacionamento com seus pais é a condição ideal. No entanto, às vezes é necessário proteger sua saúde emocional adiando o contato por algum tempo. Embora isso possa gerar uma culpa enorme e insegurança, você pode ter boas razões para manter distância. Por exemplo, seu pai ou sua mãe pode ser emocionalmente nocivo ou desrespeitar seus limites – uma maneira intrusiva de se relacionar e se impor sobre sua identidade. Assim, é justo você parar por uns tempos de lidar com um pai ou uma mãe que se comporta dessa maneira.

Embora os alerte constantemente, alguns pais são tão empedernidos que simplesmente não admitem que têm um comportamento problemático. Além disso, há pais sádicos que adoram causar sofrimento e frustração aos filhos. Quem tem pais assim pode decidir que a melhor solução é romper o contato. O fato de uma pessoa ser seu pai ou mãe biológico não significa que você é obrigado a manter um laço emocional ou social com ele ou ela.

Felizmente, você não precisa ter um relacionamento ativo com seus pais para se libertar de sua influência. Caso contrário, as pessoas não conseguiriam se separar emocionalmente dos pais que moram longe ou morreram. A verdadeira liberdade em relação a papéis e relacionamentos nocivos começa dentro de cada um de nós, não em nossas interações e confrontos com os outros.

## A História de Aisha

Aisha, uma moça de 27 anos com uma carreira bem-sucedida como repórter de TV, tinha depressão e baixa autoestima. Sua mãe, Ella, sempre dizia que Aisha havia sido uma criança problemática.

Ella tratava bem o irmãozinho de Aisha, mas era crítica e severa com a filha. Aisha sentia que nunca conseguia agradar à mãe, mas continuava tentando lhe dar motivos de orgulho. No entanto, Ella continuava repetindo que Aisha fazia tudo errado e até zombava dela diante de seus namorados e outras pessoas.

Embora Aisha confrontasse a mãe por diversas vezes por causa desses comportamentos, nada mudava. Ella sempre fingia inocência e até usava as lágrimas e a raiva da filha como prova adicional de que ela a tratava mal.

Aisha ficava tão abalada com os comentários desabonadores da mãe que um simples jantar juntas frequentemente incluía jorros de lágrimas antes do final.

Quando Aisha resolveu romper o contato com Ella, seu nível de estresse diminuiu consideravelmente. Não mais exposta às interações nocivas com Ella, Aisha sentiu-se mais feliz do que nunca. Embora temesse ser má por impor esse distanciamento, era inegável o quanto se sentia muito melhor e com muito mais autoestima sem Ella em sua vida. Até seu namorado notou que ela estava muito mais relaxada.

Meses depois, Aisha trouxe um cartão de sua mãe para ler durante a sessão de terapia. Embora a intenção de Ella fosse retomar o contato, suas palavras apenas confirmaram porque a filha precisava manter distância. Visando se justificar, Ella só escreveu sobre seus sentimentos e que acima de tudo amava Aisha, mas sem demonstrar a menor empatia pela filha nem assumir qualquer responsabilidade por seu comportamento agressivo.

Aisha expôs por diversas vezes suas mágoas para a mãe e era evidente por que rompera o contato. Somente na mente de Ella havia alguma razão misteriosa para isso. Sua fantasia idealizada de ser uma mãe amorosa simplesmente não dava o menor espaço para os sentimentos da filha.

## Liberdade para impor limites e escolher o quanto se doar

Embora romper o contato às vezes seja necessário, algumas pessoas conseguem impor limites com tanta firmeza que seus pais simplesmente não têm mais oportunidade para causar danos. Uma maneira de fazer isso é estipular a frequência do contato com seus pais. Ao impor limites para os encontros, sua energia pode ser direcionada ao autocuidado.

Seus pais podem protestar quando você deixa de lhes oferecer o tempo e a atenção costumeiros; no entanto, esses momentos difíceis representam uma oportunidade impagável para superar qualquer culpa irracional por ter as próprias necessidades.

Relembrando, um internalizador tenderá a achar que a resposta para qualquer problema depende dele melhorar as coisas e que, se tentar um pouco mais, a situação – incluindo o comportamento alheio – irá melhorar.

É um alívio enorme perceber que isso não é verdade. Com mais frequência, os internalizadores se empenham cada vez mais e os externalizadores continuam tirando vantagem disso. Relembrando, sua bondade como pessoa não depende do quanto oferece nos relacionamentos, e não é egoísmo impor limites a pessoas que só se aproveitam de você. Em primeiro lugar está o autocuidado, sem se importar tanto com o que os outros esperam de você.

Prestar atenção à energia sutil das pessoas exploradoras pode ajudá-lo a perceber quando está cedendo demais. Até em encontros breves, é possível ajustar o quanto você dá, a fim de não se exaurir tentando atender às necessidades alheias.

Recomendo o uso da abordagem da consciência da maturidade para observar como seus pais reagem ao pedido de que respeitem seus limites. Note se eles tentam fazer você se sentir envergonhado e culpado, como se tivessem o direito de fazer o que quiserem mesmo que, muitas vezes, isso o afete negativamente.

## A História de Brad

Brad estava desnorteado com o emprego exigente, quatro crianças e um casamento abalado. Apesar de todo esse estresse, ele concordou que sua mãe irascível, Ruth, passasse a morar com sua família após ter uma discussão com o senhorio e perder o apartamento alugado onde morava. Logo após Ruth se mudar, Brad descobriu que sua mulher estava tendo um caso, o que quase destruiu seu casamento.

Por volta da mesma época, a filha adolescente de Brad foi flagrada fumando maconha na escola. Insensível à tensão na família, Ruth ficava dando opiniões equivocadas e inoportunas sempre que tinha vontade. Quando se sentia ofendida, batia as portas, gritava com as crianças e xingava os animais de estimação. Brad estava prestes a ter um colapso nervoso.

Então, percebeu que tinha de escolher entre sua saúde e a insensibilidade absurda da mãe. Por mais que houvesse tentado conversar com Ruth sobre o comportamento dela, isso foi em vão. Ruth continuou agindo de forma arrogante e frequentemente desagradável com as crianças e os amigos do filho. Por fim, Brad pediu à mãe que fosse morar em uma casa que ele e a mulher tinham no outro lado da cidade.

Ruth ficou chocada, pois não previa isso, da mesma maneira que nunca entendeu por que o senhorio insistiu para ela deixar o apartamento. Brad foi sutil, mas se manteve firme. Previsivelmente, Ruth reagiu dizendo: "você não me ama!".

Brad se ateve ao assunto: "Não é preciso fazer uma cena dessas só porque as circunstâncias irão mudar. Nós a amamos, mas chegou a hora da sua partida. Você não precisa cuidar de nós e é capaz de se cuidar".

"Vocês vão me cobrar o aluguel?", perguntou Ruth.

"Sim, e teremos que cobrar mais se você quiser incluir água, luz, gás e telefone no contrato".

Em nossa sessão seguinte, Brad rememorou essa conversa e como não se abalou com as provocações maternas. Naquela ocasião, ele jurou a si mesmo: "desta vez não vou cair na lábia dela", e durante a conversa manteve o foco no que queria: fazer Ruth se mudar.

Brad finalmente percebeu quanto estresse Ruth estava injetando em uma situação que já era difícil: "A presença dela em casa fazia minha pressão arterial disparar. Eu costumava achar que deveria me esforçar para as coisas irem bem, mas agora chega. Eu tenho energia para isso, mas chegou o momento de dar um basta". Brad começou a ver as coisas de outro modo: "Ser membro de uma família não dá direito a ninguém de tratar os outros como lixo".

## Liberdade para ter autocompaixão

Para se cuidar, você precisa ter compaixão por si mesmo (McCullough et al., 2003). Reconhecer seus sentimentos e ter simpatia por si mesmo são dois pilares básicos para fortalecer a individualidade. Somente tendo autocompaixão você saberá quando impor limites e parar de ceder demais.

Estender a compaixão para si mesmo é muito restaurador, embora inicialmente possa parecer estranho. Uma mulher descreveu isso da seguinte maneira: "Eu olho em retrospecto para a menininha que fui e vejo por quanta coisa difícil ela passou. Pela primeira vez, fiquei mal com isso. Foi como soltar o ar após descobrir que prendi a respiração por muito tempo. É um sentimento estranho: triste, intenso, libertador – tudo ao mesmo tempo. Agora tenho empatia pelo quanto minha infância foi sofrida e exaustiva, e me enxergar como uma menininha foi uma experiência transcendental. Finalmente consegui dizer, 'uau, que pena de você, menina', algo que nunca havia dito".

Outra mulher sentiu esse tipo de autocompaixão quando se deparou com uma velha fotografia sua na escola. E se viu falando para a menina na fotografia, "como você é valente! Está sorrindo para a foto na escola, mas na verdade tem lidado com tanta coisa difícil".

Quando nos atracamos com verdades dolorosas e difíceis de aceitar, sentir pesar e chorar são reações normais ao surgimento da autocompaixão. Caso tenha passado muitos anos sem ser validado, provavelmente a emoção mais reprimida foi a tristeza. Daniel Siegel, psiquiatra e autor de renome, escreveu eloquentemente sobre o poder curativo das emoções (2009). Ele diz que podemos nos transformar quando encaramos os verdadeiros sentimentos conforme eles se afloram. Sentir emoções profundas é uma maneira de processar novas informações importantes. Ficar consciente das próprias emoções, incluindo o pesar, é um trabalho interno que visa o amadurecimento psicológico.

Segundo Siegel, quando sentimos emoções, estamos integrados e absorvendo novas percepções em nossa consciência (2009). Eu digo frequentemente aos pacientes que as lágrimas são um sinal físico do processo de integração que está ocorrendo em nossos corações e mentes. Ao verter essas lágrimas mais profundas causadas pela admissão da realidade, nos sentimos melhor. Esse tipo de choro o ajuda a se tornar uma pessoa mais integrada e complexa, e você se sentirá mais apaziguado e capaz de se recompor.

Readquirir a capacidade de sentir se dá em ondas, algumas das quais podem ser muito intensas. Ter muitas emoções não processadas para integrar é esmagador. Vale a pena buscar o apoio de um amigo compassivo ou de um terapeuta nesses períodos, mas não tenha medo desse processo natural. Seu corpo sabe sofrer e chorar. Se deixar seus sentimentos aflorarem e continuar tentando entendê-los, você sairá da experiência mais maduro, integrado e com mais compaixão por si mesmo e pelos outros.

## Liberdade contra a empatia excessiva

Internalizadores são tão sensíveis emocionalmente que podem se exceder na empatia pelos problemas alheios ou o que imaginem ser o sofrimento dos outros. Às vezes, eles acabam se sentindo pior com a situação de alguém do que a pessoa em questão. Por outro lado, com uma empatia saudável, você pode ter compaixão sem perder a noção de seus limites.

## A História de Rebecca

Irene, a mãe idosa de Rebecca, era uma externalizadora que se queixava constantemente. Nada a fazia se sentir melhor, embora Rebecca se empenhasse ao máximo para fazê-la feliz. Embora Rebecca conseguisse impor limites à mãe, ainda havia um ponto cego. Certo dia durante a sessão, Rebecca revelou um erro fundamental em seu raciocínio quando comentou,: "mas não há nada errado em querer que ela se sinta melhor".

"Há sim!", exclamei de chofre. Essa crença estava no cerne de seu papel de autossacrifício em relação à mãe. Empenhar-se tanto para Irene se sentir melhor era um problema sério, pois alimentava o enredamento emocional entre as duas. Eu perguntei à Rebecca se tinha provas de que Irene queria se sentir melhor. Irene não tocava a vida de maneira a se sentir melhor, e eu não via indícios de que estivesse reagindo bem a tudo que a filha fazia. Sentir-se melhor claramente não era a meta de Irene, portanto, Rebecca estava condenada ao fracasso por ter adotado isso como sua missão principal. Ela estava empenhada em algo que Irene não queria. De fato, o tema de vida de Irene era não conseguir o que queria; que direito Rebecca tinha de se intrometer nisso?

Certa noite, quando Rebecca estava prestes a sair da casa da mãe após um dia muito frustrante tentando ajudá-la, Irene olhou para ela e disse: "continue vindo me ver". Rebecca ficou estupefata. Depois de tudo que havia tentado para fazer a mãe feliz, era isso que ela realmente queria? Rebecca decidiu levar Irene ao pé da letra, refreando sua empatia e esforços para ajudá-la, de modo a não se apavorar quando a visitava. Finalmente se deu conta de que Irene jamais seria feliz, mas isso não precisava ser um problema para nenhuma delas.

## Liberdade para agir por conta própria

Crescer com pais emocionalmente imaturos gera uma sensação de desamparo na criança, inclusive em sua vida adulta. A falta de atenção emocional sinaliza que seus pais não se importam com seus desejos. Provavelmente, assumiu a convicção que deveria esperar que alguém se dispusesse a oferecer o que você precisava.

É importante perceber que as experiências de profundo desamparo na infância podem ser traumáticas, fazendo as pessoas já adultas reagirem ao desamparo sentindo um colapso emocional e achando que: "não há nada que eu possa fazer e ninguém irá me ajudar". Na infância, os internalizadores sensíveis podem ser tão afetados por esse sentimento que, posteriormente, ficam propensos a se achar vítimas sem controle algum e à mercê de pessoas poderosas que se recusam a dar o que eles precisam desesperadamente.

Mesmo que essa vitimização esteja profundamente entranhada, sempre é possível reivindicar seu direito de pedir ajuda – e, até mais importante, continuar pedindo ajuda sempre que for necessário. Agir pelo próprio bem é o antídoto para sentimentos traumáticos de desamparo. Embora ser criado por pais emocionalmente imaturos tenha lhe dado uma amostragem muito limitada do que a vida e os relacionamentos têm a oferecer, agora você está começando a perceber o quanto as possibilidades são amplas e que deve pedir o que necessita.

## A História de Carissa

Após, finalmente, se dar conta de que fora condicionada a se sentir indefesa e passiva em relação a figuras de autoridade, por Bob, seu pai dominador, Carissa foi visitar os pais, preparada para observá-los, se expressar, administrar as interações e agir visando os resultados que queria. Ela ficou surpresa de ver como a visita correu bem. Graças à ajuda de seu marido, Alejandro, seu pai não roubou a cena com as costumeiras arengas políticas e rosários de implicâncias. Assim que seu pai começou a enveredar para esse assunto, Alejandro repentinamente começou a abordar outro tema – uma reviravolta inesperada que confundiu Bob e desencarrilhou sua conversa.

Outra vez, quando a família estava no deque para tomar aperitivos, todos foram se sentando e Bob estava prestes a ficar diante deles — um cenário perfeito para ativar sua propensão a discursar para uma plateia cativa. Carissa se antecipou ao problema e entrou em ação. Posteriormente, ela me disse: "no passado, eu teria pensado: "ah, já era e agora estou de mãos atadas", mas dessa vez assumi o comando". Ela colocou sua cadeira ao lado do pai para impedi-lo de ser o centro das atenções e a conversa fluiu entre o grupo, ao invés de todos aturarem o monólogo entediante de Bob. Usando a abordagem em relação à maturidade consciente, Carissa administrou a interação e conseguiu o resultado que queria: a participação igualitária.

## Liberdade para se expressar

Expressar-se com pessoas emocionalmente imaturas é um ato importante de autoafirmação, que expõe implicitamente sua reivindicação de existir como um indivíduo que tem os próprios sentimentos e pensamentos. Relembrando, um passo importante na abordagem em relação à maturidade consciente é se expressar – e depois deixar isso para trás.

É importante abdicar da crença de que se seus pais o amavam e também o compreendiam. Como adulto independente, você pode funcionar sem a compreensão deles. Embora não tenha o tipo de relacionamento desejado com seus pais, você pode tornar cada interação com eles mais satisfatória. Você pode expor polidamente seus pontos de vista e ser diferente sem se desculpar. Ao se expressar dessa maneira, você pode ser autêntico mesmo que eles não o compreendam.

Expressar seus sentimentos significa ser verdadeiro consigo mesmo, sem mudar seus pais. E sempre resta a probabilidade de que eles continuem o amando mesmo sem compreendê-lo totalmente.

## A História de Holly

Mel, o pai de Holly, era barbeiro em uma cidadezinha sulista, e a maioria das conversas telefônicas entre os dois girava em torno das notícias da comunidade. Holly, que tinha um cargo de alto nível como investigadora federal, sempre ansiou que o pai reconhecesse suas realizações. Mas quando mencionava seu trabalho ou outros pontos altos em sua vida, Mel não tinha noção de como responder. Muitas vezes, ele a interrompia abruptamente para falar sobre algo que lhe acontecera. Holly continuava falando sobre sua vida, pois queria se conectar melhor com ele, mas a única reação de Mel era uma evidente falta de interesse. Holly amenizou continuamente a situação pensando que devia respeitar o pai.

Certa vez, quando estava com dificuldades no trabalho, Holly telefonou para Mel em busca de apoio moral. Mas quando estava no meio de seu relato, ele mudou repentinamente de assunto e começou a falar sobre a reforma no tribunal do condado. No entanto, Holly estava preparada para lidar de outro modo com a situação usando uma comunicação íntima clara.

Então exclamou: "Papai, vou falar mais um pouco sobre mim, pois estou passando por um momento muito difícil. Eu gosto de ouvir suas notícias, mas será que dessa vez você pode apenas me ouvir? Eu preciso desabafar com você". Holly ficou agradavelmente surpreendida ao ver que o pai aceitou seu pedido. Por ser emocionalmente imaturo, Mel simplesmente não tinha sensibilidade para saber quando não devia mudar de assunto. Ao falar com franqueza, Holly esclareceu suas necessidades e, finalmente, se sentiu ouvida pelo pai.

## Liberdade para tratar relacionamentos antigos de novas maneiras

Assim como Carissa e Holly, você pode desenvolver novas formas de interação com seus pais que abalem os velhos padrões e mantenha o foco no resultado desejado. Ao cuidar de uma interação de cada vez, quaisquer desejos irrealistas de conexão emocional genuína ou apoio por parte dos pais podem ser deixados de lado. Isto não é negar seu passado, apenas aceitar seus pais como são, sem expectativas.

Às vezes, os pais reagem a esse tipo de sinceridade e neutralidade relacionando-se de maneira mais genuína. Embora pareça paradoxal, eles podem se abrir mais quando você desiste de esperar que eles mudem. Quando você demonstra força, eles sentem que não precisam mais dar aprovação e relaxam mais. Ao parar de tentar atrair sua atenção, a intensidade emocional flui para um ponto no qual, eventualmente, eles toleram mais abertura. Como não estão mais temerosos de que suas necessidades os enredarão em níveis insuportáveis de intimidade emocional, eles podem reagir a você da mesma maneira que com qualquer outro adulto, ou seja, tendo mais racionalidade e cortesia.

Isso, porém, só pode acontecer ao abdicar da necessidade de um relacionamento profundo com eles. E, mesmo assim, não há certeza de que isso aconteça. Mas se puder se manter verdadeiro consigo mesmo, neutro emocionalmente e interagir sem expectativas, a probabilidade de desencadear as defesas dos teus pais contra a intimidade diminuirá. E, ao abrir mão de sua fantasia de cura relativa à transformação de seus pais, você permite que eles sejam o que são. Ao pararem de sentir pressão para mudar, eles podem até conseguir lhe tratar de outra maneira, mas essa não é uma regra. Cabe a você ficar bem em ambos os casos.

## Liberdade para não querer coisa alguma do pai ou da mãe

As interações mais dolorosas com pais emocionalmente imaturos ocorrem quando os filhos precisam de algo deles. Seja atenção, amor ou comunicação, muitas crianças negligenciadas continuam buscando algum tipo de consideração emocional positiva dos pais até na vida adulta, embora estes sejam incapazes disso.

Pais emocionalmente imaturos comumente promovem o mito de que são a única fonte de bem-estar e autoestima dos filhos.

Muitos pais egoístas gostam quando a criança é carente e anseia desesperadamente por eles. Constatar a dependência da criança os deixa seguros e no controle. Se a criança suporta isso, os pais ganham poder para controlar totalmente o estado emocional dela.

A ideia de recuar e questionar se realmente precisa de seus pais – ou se eles precisam da sua dependência – pode parecer radical. Mas se não fosse pelos papéis familiares e fantasias, seus pais talvez não fossem o tipo de pessoa com a qual você iria querer alguma coisa. Então, reflita se sua necessidade deles é real ou se é um resquício das necessidades não supridas na infância. Eles realmente têm algo a oferecer?

Essa pergunta é relevante para se relacionar com qualquer pessoa emocionalmente imatura, seja o cônjuge, um amigo ou parente. As circunstâncias podem te levar a crer que está desesperado por um relacionamento com alguém, mesmo que não goste das interações que essa pessoa proporciona.

## Resumo

Este capítulo explorou como é se livrar de papéis e expectativas designados para agradar a pais emocionalmente imaturos. Embora possa ter aprendido a se rejeitar em virtude de uma voz interna excessivamente crítica que cobra perfeição, você pode reivindicar seu verdadeiro eu e os pensamentos e sentimentos genuínos, independentemente das reações alheias. Ao reivindicar a liberdade para se expressar e agir por conta própria, você fica livre para estender a compaixão para si mesmo e até para sofrer pelo que perdeu em consequência de ter pais emocionalmente imaturos. Agora você sabe que sua primeira incumbência é cuidar de si, incluindo impor limites sobre o quanto dá e, se necessário, até suspender o contato com seus pais.

Você não tem mais de se exaurir com a empatia excessiva por outras pessoas. Além disso, é provável que o relacionamento com seus pais se torne mais tolerável se você abdicar da necessidade de ser aceito emocionalmente por eles. E, ao se livrar de seu velho papel na família, você pode se relacionar mais honestamente com seus pais, sem esperar que eles mudem.

No próximo capítulo, que é o último do livro, veremos como você pode usar a abordagem em relação à maturidade consciente para encontrar amigos e parceiros emocionalmente mais maduros. Darei também alguns indicadores para que você desenvolva novas posturas e valores que aumentarão a possibilidade de ter relacionamentos mais gratificantes e recíprocos no futuro.

# Capítulo 10

# Como identificar pessoas emocionalmente maduras

O capítulo anterior o preparou para reivindicar sua liberdade emocional honrando seu verdadeiro eu nos relacionamentos com seus pais e com os outros, impondo limites e agindo por conta própria. Este capítulo o ajudará na identificação de pessoas com maturidade emocional suficiente para engendrar um relacionamento mutuamente satisfatório.

Veremos também como você pode adotar novas posturas nos relacionamentos para que possa interagir de maneiras que farão com que a solidão emocional se transforme em algo do passado.

Lamentavelmente, filhos adultos de pais emocionalmente imaturos podem ficar céticos de que um relacionamento possa enriquecer sua vida. Elas tendem a achar que relacionamentos gratificantes são um sonho inalcançável e temem que as outras pessoas não se interessem verdadeiramente por quem elas são. Essas expectativas negativas perpetuam a solidão emocional, mas você pode mudá-las assim que se tornar ciente a seu respeito.

## O fascínio exercido pelos velhos padrões

Lembre-se do que John Bowlby (1979) afirmou que todos os humanos têm o instinto primitivo de que familiaridade significa segurança.

Portanto, se cresceu com pais emocionalmente imaturos, você pode ficar subconscientemente atraído pela familiaridade de pessoas egocêntricas e exploradoras. Algumas das minhas pacientes que tiveram relacionamentos abusivos lembram-se bem de que não tinham atração por "bons" moços durante o ensino médio. Na verdade, elas achavam esses rapazes entediantes, pois não eram egoístas ou dominadores o suficiente.

Para essas mulheres, homens egocêntricos provavelmente despertavam incerteza, assim gerando empolgação. Mas será que essa empolgação era real ou um calafrio da ansiedade na infância em reação a uma pessoa egoísta que queria usá-las? Um princípio da terapia do esquema, desenvolvida por Jeffrey Young (Young e Klosko, 1993), é que as pessoas que nos parecem mais carismáticas subconscientemente nos redirecionam para velhos padrões familiares negativos. Young adverte que esse tipo de química instantânea pode ser um sinal de perigo, indicando que papéis autossabotadores na infância estão sendo internamente reativados.

Este capítulo o ajudará a reverter essa dinâmica. A chave é usar seu novo poder de observação para descobrir e se conectar com pessoas emocionalmente gratificantes, em vez de repetir velhos padrões que geram mais solidão emocional.

## Reconhecendo pessoas emocionalmente maduras

As partes a seguir dão algumas diretrizes que o ajudarão a reconhecer pessoas com mais maturidade emocional. Assim, pode substituir o convívio com pessoas que repetem os velhos padrões familiares pela conexão por se conectar com pessoas que têm os traços positivos mencionados a seguir. Seja ao vivo ou on-line, quando estiver escolhendo alguém para namorar, formar uma nova amizade ou em uma entrevista de emprego, você pode usar as características de maturidade emocional deste capítulo para identificar pessoas com bom potencial para um relacionamento duradouro. Ninguém é perfeito, mas as seguintes características abrem boas perspectivas para que o relacionamento seja enriquecedor, ao invés de extenuante.

### Elas são realistas e confiáveis

Ser realista e confiável pode soar enfadonho, mas nada substitui essa solidez básica. Esses dois traços são como a planta baixa de uma casa; se a estrutura for desconfortável para morar, a cor das paredes não solucionará o problema. Bons relacionamentos são como uma casa bem projetada que por ser gostosa de morar a arquitetura ou o planejamento demandado anteriormente tornam-se imperceptíveis.

### Elas encaram a realidade, em vez de lutar contra ela

Embora batalhem para mudar o que não gostam, as pessoas emocionalmente maduras reconhecem a realidade tal como ela é. Elas enxergam os problemas e tentam resolvê-los, em vez de reagir exageradamente com uma fixação por como as coisas deveriam ser. Se mudanças não forem possíveis, elas dão um jeito de tirar alguma vantagem do que têm.

### Elas conseguem sentir e pensar ao mesmo tempo

A capacidade de pensar até quando algo a perturba faz de uma pessoa emocionalmente madura alguém com quem se possa argumentar. Como conseguem pensar e sentir simultaneamente, é fácil resolver as coisas com tais pessoas. Eles não perdem a capacidade de ver a perspectiva alheia só porque não estão conseguindo o que querem nem perdem os fatores emocionais de vista quando abordam um problema.

### Sua consistência as torna confiáveis

Como têm um senso integrado do "eu", as pessoas emocionalmente maduras geralmente não o surpreenderão com inconsistências inesperadas. Basicamente, elas permanecem iguais em diferentes situações. Elas têm um eu forte e sua consistência interior as torna depositárias confiáveis do que você compartilhar.

### Elas não levam tudo para o lado pessoal

Pessoas emocionalmente maduras são realistas o suficiente para não se ofender facilmente e capazes de rir de si mesmas e de suas fraquezas. Elas não são perfeccionistas e sabem que todos os seres humanos são falíveis, por mais que tentem fazer o melhor possível.

Levar tudo para o lado pessoal pode ser um sinal de narcisismo ou baixa autoestima.

Esses dois traços causam problemas nos relacionamentos, pois levam as pessoas a buscar constantemente se tranquilizar com os outros. Além disso, pessoas que levam tudo para o lado pessoal sentem que estão sendo constantemente avaliadas, vendo desfeitas e críticas onde não existem. Assim como um buraco negro, esse tipo de atitude defensiva consome toda a energia nos relacionamentos.

Em contraste, pessoas emocionalmente maduras entendem que a maioria das pessoas, às vezes, cometem erros. Caso você diga que se expressou mal, elas não insistirão em descobrir uma potencial negatividade inconsciente sua a respeito delas. Elas enxergam uma gafe social como um erro, não como uma rejeição. E são realistas o suficiente para não se sentirem desprezadas só porque você cometeu um erro.

## Elas são respeitosas e recíprocas

Pessoas emocionalmente maduras tratam os outros como indivíduos dignos de respeito e equidade. Todos os traços a seguir revelam seu pendor para a cooperação no trato com os outros. Você sentirá o interesse genuíno delas por você, pois não são apenas focadas nos próprios interesses. Esses traços são como a ventilação e o encanamento em uma casa, ou seja, elementos essenciais para torná-la habitável.

### Elas respeitam seus limites

Pessoas emocionalmente maduras são corteses por natureza, pois respeitam naturalmente os limites. Elas buscam conexão e proximidade, não intrusão. Por sua vez, quando pessoas emocionalmente imaturas se aproximam de alguém, não mantêm o devido respeito, como se achassem que a proximidade dispensa as boas maneiras.

Pessoas emocionalmente maduras respeitam a individualidade alheia e nunca supõem que se você as ama irá querer as mesmas coisas que elas. Elas levam os sentimentos e limites alheios em conta em qualquer interação.

Embora isso possa parecer trabalhoso, não é, pois pessoas emocionalmente maduras se sintonizam automaticamente com o que as outras estão sentindo. A real empatia considera a segunda natureza dos outros.

Um gesto importante de cortesia e bons limites nos relacionamentos é não dizer aos parceiros ou amigos como deveriam pensar ou sentir. Outro é respeitar que os outros têm a palavra final sobre suas motivações. Em contraste, pessoas imaturas que querem controlá-lo ou enredá-lo podem "psicanalisá-lo" só para tirar vantagem. Palpitar sobre suas intenções ou dizer que você precisa mudar de ideia é um sinal de que elas desrespeitam seus limites. Pessoas emocionalmente maduras podem opinar sobre algo que você fez, mas não acham que o conhecem melhor do que você mesmo.

Se foi negligenciado por pais emocionalmente imaturos durante a infância, você pode ficar disposto a tolerar análises e conselhos indesejados dos outros. Isso é comum em pessoas sedentas por retorno pessoal que mostre que alguém se importa com elas.

Mas esse tipo de "aconselhamento" não é um sinal de atenção, e sim motivado pelo desejo de controlá-lo.

## A História de Tyrone

Sylvie, a namorada de Tyrone, frequentemente assumia o comando de maneiras que o deixava desconfortável e ultimamente isso havia piorado.

Por exemplo, quando Tyrone quis desacelerar o relacionamento, Sylvie analisou isso como um sinal de "medo de se comprometer". Ela disse que ele não a estava enxergando como era agora, mas pelas lentes de seu comportamento no passado.

Conforme Tyrone ficava cada vez mais infeliz no relacionamento, Sylvie o pressionava para mostrar-se mais feliz. Ela insistia para ele sorrir mais, pois sentia falta disso. Mas ele também sentia falta de uma coisa: de uma parceira capaz de aceitar seus sentimentos e considerar a possibilidade de que o próprio comportamento podia estar causando o problema.

### Elas retribuem

Equidade e reciprocidade estão no cerne dos bons relacionamentos. Pessoas emocionalmente maduras não se aproveitam dos outros nem gostam de se sentir usadas. Elas querem ajudar e são generosas com seu tempo, mas também pedem atenção e ajuda quando necessário. Elas estão dispostas a oferecer mais do que a receber por algum tempo, mas não suportarão que um desequilíbrio perdure indefinidamente.

Se cresceu com pais emocionalmente imaturos, você pode encarar os próprios desafios com reciprocidade, tendo aprendido a dar demais ou não o suficiente. As demandas de seus pais egoístas podem ter distorcido seus instintos naturais em relação à equidade. Caso tenha sido uma criança internalizadora, você aprendeu que, para ser amado ou desejado, precisa dar mais do que recebe; caso contrário, os outros não lhe darão o devido valor. Caso tenha sido uma criança externalizadora, você pode ter a falsa crença que os outros só irão amá-lo se o colocarem sempre em primeiro lugar e fizerem o máximo por você.

## A História de Dan

Dan começou a fazer terapia após o fim de seu casamento com uma mulher prepotente que explorava sua generosidade natural e retribuía pouco. Na terapia, ele percebeu que havia se sacrificado demais violando os princípios da equidade, enquanto sua mulher exigia cada vez mais. Ao passo que começou a se cuidar melhor e refrear o excesso de generosidade, Dan notou que estava se interessando mais por mulheres que tinham uma capacidade maior para a reciprocidade.

Inicialmente, essa nova maneira de se relacionar lhe pareceu um pouco estranha. Por exemplo, após pagar um jantar caro com sua nova namorada, Dan ficou surpreso quando ela disse que queria retribuir convidando-o para um show em breve. "Você me proporcionou uma noite memorável", disse ela, "e quero fazer algo que seja divertido para você". Dan identificou esse gesto de reciprocidade e generosidade como um sinal de que a moça tinha maturidade emocional.

## Elas são flexíveis e se comprometem

Pessoas emocionalmente maduras geralmente são flexíveis e tentam ser justas e objetivas. Um traço importante para observar é como os outros reagem se você tem de mudar seus planos. Eles conseguem distinguir entre rejeição pessoal e a ocorrência de algum imprevisto? Eles ficam decepcionados, mas entendem a situação? Se for inevitável lhes causar alguma decepção, pessoas emocionalmente maduras geralmente lhe darão o benefício da dúvida – especialmente se você for empático e sugerir compensações.

A maioria das pessoas emocionalmente maduras aceitam que mudanças e decepções fazem parte da vida. Elas aceitam seus sentimentos e buscam alternativas para gratificação quando se decepcionam. Além disso, são colaborativas e abertas às ideias dos outros.

Quando é comprometido com uma pessoa emocionalmente madura, você não sente que está desistindo de algo e ambos se sentem satisfeitos. Como pessoas maduras e colaborativas não querem ganhar sempre a qualquer custo, você não se sente explorado.

Compromisso não significa sacrifício mútuo, e sim um equilíbrio mútuo dos desejos. Em um bom relacionamento, ambas as pessoas sentem que obtiveram o suficiente do que queriam. Em contraste, pessoas emocionalmente imaturas tendem a pressionar os outros para que façam concessões que não são de seu interesse, frequentemente impondo uma solução injusta.

Pessoas que estão em relacionamentos infelizes frequentemente dizem coisas como: "relacionamentos têm a ver com compromisso, certo?", mas suas expressões faciais mostram que elas estão sendo pressionadas a fazer o que a outra pessoa deseja. Um verdadeiro compromisso é diferente – suas necessidades são levadas em conta, mesmo que você não consiga tudo o que queria.

O fato é que o compromisso pode ser bem agradável quando você negocia com pessoas emocionalmente maduras. Elas são tão atenciosas e conectadas que é um prazer resolver as coisas em conjunto. Afinal, elas se importam com seus sentimentos e não querem que você fique insatisfeito. Como têm empatia, elas não ficarão em paz se você ficar infeliz com o resultado.

Elas também querem que você se sinta bem! Ser tratado com tanta consideração torna o compromisso muito gratificante.

### Elas são serenas

Quanto mais cedo um temperamento ruim aflora em um relacionamento, piores são as implicações. A maioria das pessoas se comporta da melhor maneira possível no início de um relacionamento, então, desconfie de pessoas que logo demonstrem irritabilidade. Isso indica personalidade instável, senso de ter todos os direitos e desrespeito. Pessoas de pavio curto que esperam que a vida se desenrole conforme seus desejos não são uma boa companhia. Tome cuidado se você notar que, por reflexo, está tentando acalmar alguém raivoso.

As pessoas sentem e exprimem raiva de múltiplas maneiras. Pessoas mais maduras acham desagradável sentir raiva por muito tempo, então, tentam superá-la rapidamente. Por sua vez, pessoas menos maduras alimentam a raiva e agem como se a realidade devesse se adaptar a elas. Fique ciente de que esse tipo de pessoa se sente no direito de qualquer coisa e um dia você pode ser o alvo de sua raiva.

Pessoas que demonstram raiva negando amor são especialmente perniciosas. O resultado desse comportamento é que nada é resolvido e a outra pessoa se sente punida. Em contraste, pessoas emocionalmente maduras geralmente lhe dirão o que há de errado e pedirão que você faça as coisas de outro modo.

Elas não ficam amuadas por muito tempo nem fazem você pisar em ovos. Em última instância, elas estão dispostas a tomar a iniciativa para encerrar o conflito, ao invés de continuar sem falar com você.

Dito isso, geralmente as pessoas, seja qual for seu nível de maturidade emocional, precisam de algum tempo para se acalmar antes de conseguir falar sobre o que as deixou com raiva. Não vale a pena forçar uma conversa quando ambas as partes ainda estão emburradas. Dar um tempo frequentemente funciona melhor, pois evita que, durante uma discussão acalorada, as pessoas digam coisas das quais se arrependerão. Além disso, as pessoas às vezes precisam de espaço para lidar primeiro com os próprios sentimentos.

## Elas estão dispostas a ser influenciadas

Como têm um senso seguro do "eu", as pessoas emocionalmente maduras não se sentem ameaçadas quando outras pessoas têm opiniões distintas das suas, nem temem parecer fracas se não souberem alguma coisa. Assim, quando você quer compartilhar algo, elas escutam e consideram o que você disse. Elas podem discordar, mas, graças à sua curiosidade natural, tentarão entender seu ponto de vista. John Gottman, conhecido por suas pesquisas sobre relacionamentos e estabilidade conjugal, inclui a disposição para ser influenciado pelos outros entre seus sete princípios para um relacionamento feliz e sustentável (1999).

Homens são mais propensos a rejeitar as opiniões e ponderações de uma parceira, pois são socializados para ter a palavra final e resistir a influências indevidas. Quando é profundamente entranhado, esse condicionamento cultural pode prejudicar a reciprocidade harmoniosa nos relacionamentos íntimos. No entanto, muitas mulheres também se recusam a ser influenciadas por qualquer pessoa e podem ser tão rígidas quanto os homens. Seja qual for o gênero, a indisposição para considerar os pontos de vista alheios indica imaturidade emocional e um caminho acidentado pela frente.

## Elas são sinceras

Dizer a verdade é a base da confiança e um sinal do nível de integridade de uma pessoa, além de demonstrar respeito pelos outros. Pessoas emocionalmente maduras entendem por que você perde a calma se elas mentem ou passam uma impressão falsa.

Muitas vezes, é difícil falar a verdade absoluta por várias razões. Por exemplo, quando temos de interagir com uma pessoa raivosa ou crítica, mentir é uma forma de autoproteção. Mas você pode esperar que uma pessoa emocionalmente madura seja genuína e direta quando a sinceridade é essencial.

## Elas pedem desculpas e se emendam

Pessoas emocionalmente maduras querem ser responsáveis por seu comportamento e estão dispostas a pedir desculpas sempre que necessário.

Esse tipo de respeito básico e reciprocidade restaura a confiança abalada, dissipa as mágoas e ajuda a manter bons relacionamentos.

No caso de pessoas emocionalmente imaturas, pedir desculpas é apenas uma estratégia para aplacar os outros, sem que elas tenham a verdadeira intenção de mudar (Cloud e Townsend, 1995). Tais desculpas insinceras geralmente não restauram o relacionamento. Por sua vez, pessoas sinceras não só pedem desculpas, como também afirmam claramente que pretendem agir de outro modo.

Quando você diz a alguém que está magoado ou decepcionado com ele, observe sua reação. A pessoa só se defende ou tenta mudar? Ela pede desculpas só para apaziguá-lo ou entende e se importa com o seu sentimento?

## A História de Crystal

Crystal descobriu provas em e-mails de que seu marido, Marcos, a estava traindo. Marcos implorou que ela o perdoasse, mas seu deslize quase acabou com o casamento. Após uma separação temporária, Crystal resolveu que estava disposta a lutar pelo relacionamento, porém, uma de suas condições foi que eles continuassem conversando sobre o que havia acontecido. Ela precisava saber mais detalhes para poder entender. Marcos não conseguia se aprofundar nisso e lhe disse: "já falei que sinto muito. O que mais você quer? Por que você continua tocando nesse assunto? O que você quer que eu faça?".

A resposta era simples. Crystal queria que Marcos refletisse e explicasse por que se envolvera com outra mulher, e soubesse o quanto ela se sentia traída. Ela também precisava que Marcos a escutasse, em vez de tentar calá-la. Pessoas traídas muitas vezes se consomem tentando entender todos os fatos. Talvez essa curiosidade seja mórbida, mas obter todas as respostas pode ajudá-las a processar seu sofrimento. Pedir desculpas não era suficiente; Marcos precisava se dispor a responder às perguntas de Crystal, enquanto ela lutava para entender o que aconteceu.

# Elas são responsivas

Após entender todos os traços básicos mencionados anteriormente, passe a buscar pessoas com as qualidades que tornam os relacionamentos calorosos e divertidos. Os traços a seguir são essenciais para que um relacionamento seja plenamente gratificante, da mesma maneira que a pintura e a mobília são essenciais para que uma casa seja um lar.

## Sua empatia lhe transmite segurança

Empatia é o que dá segurança aos relacionamentos. Juntamente com a autoconsciência, ela é a alma da inteligência emocional (Goleman, 1995), guiando as pessoas para um comportamento sociável e a equidade no trato com os outros. Em contraste, pessoas sem empatia fazem vista grossa aos sentimentos alheios, não imaginam as experiências dos outros e nem são sensíveis a elas. É importante estar ciente disso, pois a pessoa indiferente a seus sentimentos não lhe dará segurança emocional quando surgir qualquer tipo de discordância entre vocês dois.

### A História de Ellen

O namorado de Ellen era desprovido de empatia. Quando ela tentava contar como fora seu dia, ele ouvia um pouco e usava o relato dela como trampolim para começar a falar sobre o que havia lhe acontecido. Por fim, Ellen criou coragem para perguntar se ele podia ouvi-la e demonstrar mais empatia, mas ele achou que estava sendo acusado de ser uma pessoa má e revidou dizendo que ela também não era perfeita. Ele não conseguiu satisfazer a necessidade emocional de Ellen, pois interpretou seu pedido como uma crítica da qual tinha de se defender.

## Elas fazem você se sentir notado e compreendido

É uma dádiva conversar com alguém interessado em sua experiência interna! No lugar de estranheza por possuir certos sentimentos, sente-se compreendido, pois a outra pessoa é capaz de sintonizar-se emocionalmente com o seu relato.

Quando acham você interessante, pessoas emocionalmente maduras demonstram curiosidade a seu respeito, têm prazer em ouvir suas histórias e conhecê-lo melhor. Elas também se lembram de coisas que você disse e as usam como referência em conversas posteriores. Elas apreciam sua individualidade e ficam intrigadas com as diferenças entre vocês. Isso reflete seu desejo de realmente conhecê-lo, ao invés de esperar que você as espelhe.

Pessoas emocionalmente maduras o consideram positivamente e mantêm um registro mental de suas maiores qualidades. Frequentemente, elas se referem a seus pontos fortes, e, às vezes, parecem conhecê-lo melhor do que você mesmo. Nesse clima de interesse e aceitação, você sente que pode ser totalmente autêntico e conta coisas que não pretendia, inclusive uma experiência pessoal, que até então, mantinha em segredo.

Você também notará que quanto mais se abre com tais pessoas, mais elas se abrem com você. É assim que a verdadeira intimidade se desenvolve e floresce.

Quando confiam em você, elas estabelecem uma comunicação íntima clara e revelam seu mundo interior. Caso tenha sido emocionalmente negligenciado no passado, essa nova experiência pode ser arrebatadora para você.

Quando estiver aflito, pessoas emocionalmente maduras não o rechaçarão, pois não temem suas emoções nem lhe dirão que o certo seria se sentir de outra maneira. Elas aceitam seus sentimentos e gostam de aprender com as coisas que você conta. E você vai querer contar muitas coisas a elas. É maravilhoso e confortante achar alguém que realmente o escute.

## *Elas gostam de confortar e de ser confortadas*

Pessoas emocionalmente maduras e responsivas têm um instinto certeiro para o envolvimento emocional. Elas gostam de se conectar e dão e recebem conforto naturalmente sob condições estressantes. Elas são compassivas e sabem o quanto um apoio amigável é crucial.

## Elas refletem sobre seus atos e tentam mudar

Pessoas emocionalmente maduras são capazes de se analisar e refletir sobre o próprio comportamento. Elas podem não usar termos psicológicos, mas entendem claramente como as pessoas se afetam emocionalmente e levam a sério se você disser que um comportamento delas o incomoda. Estão sempre dispostas a absorver esse tipo de retorno, pois sabem que o diálogo franco fortalece a intimidade emocional. Isso mostra interesse e curiosidade pelas percepções alheias, além de um desejo de aprender sobre si mesmas e melhorar.

A disposição para agir em razão da autorreflexão também é importante. Não basta dizer a coisa certa ou pedir desculpas. Se você for claro sobre o que o incomoda, elas continuarão cientes desse ponto e farão tentativas para mudar.

## A História de Jill

Durante anos, Jill foi ignorada pelo marido e toda vez que solicitava sua empatia, ele contra-atacava dizendo que era impossível agradá-la. No decorrer do tempo, sua recusa para fazer autorreflexão fez Jill desistir de ter uma comunicação íntima com ele. Por fim, Jill deixou o marido por outro homem – alguém que se importava com o que ela pensava e sentia.

Seu novo parceiro reconsiderou o próprio comportamento quando ela se abriu e, então, se esforçou para fazer as coisas de outro modo.

## Elas conseguem rir e ser brincalhonas

O humor é uma forma encantadora de reatividade, assim como um mecanismo de enfrentamento altamente adaptável (Vaillant, 2000). Pessoas emocionalmente maduras têm senso de humor e usam a alegria para aliviar o estresse.

Rir é um jogo igualitário entre as pessoas e reflete a capacidade de abdicar do controle e seguir a liderança alheia. Pessoas emocionalmente imaturas frequentemente têm dificuldade para usar o humor para fortalecer os laços com os outros, mas podem usá-lo para ridicularizar outras pessoas e fomentar a própria autoestima.

Por exemplo, eles podem gostar de humor que envolva enganar as pessoas e que as faça parecer tolas ou ineptas. Esse traço é um bom indicador de como elas podem vir a tratá-lo.

O humor com um viés de sarcasmo pode servir de tempero, mas não como prato principal. Com moderação, ele cria uma tensão prazerosa, mas em excesso reflete cinismo, que não faz parte de uma dieta saudável. O excesso de cinismo e sarcasmo denota uma pessoa fechada que teme se conectar e busca se proteger emocionalmente focando na negatividade.

### É agradável estar com elas

Ser uma companhia agradável é uma característica um tanto inefável, porém, crucial para a satisfação no relacionamento. Revendo os traços anteriores, você pode constatar que as pessoas emocionalmente maduras têm uma vibração positiva que torna as interações prazerosas. Obviamente, nem sempre elas estão felizes, mas, em geral, conseguem suscitar bons sentimentos e o gosto pela vida. Uma mulher que finalmente encontrou seu parceiro de vida, após uma série de relacionamentos insatisfatórios, teve certeza de que ele era o homem certo, pois, sempre gostava de sua companhia, mesmo que fosse apenas em uma ida à quitanda.

## O quê procurar ao conhecer pessoas on-line

As características descritas neste capítulo também se aplicam a namoros on-line e a outros contatos nas redes sociais. De fato, contatos on-line são um ótimo treinamento para identificar o grau de maturidade emocional por meio do que as pessoas revelam a seu respeito nos perfis e mensagens eletrônicas.

Embora algumas pessoas sejam mais hábeis para escrever, toda escrita pessoal revela algo sobre a maneira de pensar de cada um, o que ela valoriza e no que é mais focada, sem mencionar seu senso de humor e sensibilidade com os sentimentos alheios. Além disso, ler o que as pessoas escreveram permite ter tempo para notar como você se sente em relação às suas mensagens. Telefonemas iniciais também permitem que você observe o que a outra pessoa diz, suas expressões faciais e reações não verbais.

Nessas ocasiões, reflita sobre o que sente em relação à percepção e ao ritmo das pessoas. Elas respeitam seus limites e qual o melhor ritmo para vocês se conhecerem melhor? Você sente pressão para estabelecer intimidade rapidamente ou sente demora na resposta? Você acha que elas estão depositando muita esperança antes de vocês se conhecerem direito? Ou elas são um tanto arredias e você tem de se esforçar para dar continuidade à comunicação? Elas oferecem reciprocidade? Elas se referem ao que você disse no e-mail anterior ou partem imediatamente para os próprios assuntos? Elas mantêm a conversa fluindo fazendo perguntas para conhecê-lo melhor ou descobrir o que você pensa a respeito de um determinado assunto? É fácil combinar coisas com elas ou frequentemente vocês estão em sintonias diferentes?

Após ler um perfil, e-mail ou mensagem, anote suas impressões. Esse tipo de reflexão facilitará focar a atenção em sua reação visceral, já que não há a pressão social de uma interação ao vivo. Descreva como você se sente após ler o que a pessoa escreveu. Você se sente à vontade para ser autêntico ou toma cuidado com o que diz? Observar as próprias reações é uma habilidade crucial para identificar pessoas emocionalmente maduras, e a comunicação on-line é um excelente campo de treinamento para isso.

## Exercício: Avaliando a maturidade emocional de outras pessoas

Resumi todas as características anteriores na lista de verificação a seguir, a qual pode ser usada para descobrir se uma pessoa poderá lhe propiciar o tipo de relacionamento desejado. Se você quiser aplicar essa avaliação em várias pessoas, esse exercício estará disponível no anexo no final do livro.

## Realista e confiável

- Ela encara a realidade, ao invés de lutar contra ela.
- Ela consegue sentir e pensar ao mesmo tempo.
- Sua consistência a torna confiável.
- Ela não leva tudo para o lado pessoal.

## Respeitosa e recíproca

- Ela respeita seus limites.
- Ela retribui.

- Ela é flexível e se compromete.
- Ela é serena.
- Ela está disposta a ser influenciada.
- Ela é sincera.
- Ela pede desculpas e se emenda.

## Responsiva

- Sua empatia lhe transmite segurança.
- Ela faz você se sentir notado e compreendido.
- Ela gosta de confortar e ser confortada.
- Ela reflete sobre o que faz e tenta mudar.
- Ela ri e é brincalhona.
- É sempre agradável estar em sua companhia.

Quanto mais a pessoa tiver essas qualidades, maior é a probabilidade de vocês estabelecerem uma conexão genuína e satisfatória.

## Desenvolvendo novos hábitos para se relacionar

Agora que você consegue identificar pessoas emocionalmente maduras, falta abordar a última peça do quebra-cabeça dos relacionamentos: seu comportamento. Nesta parte final, mostraremos novas abordagens para você fazer seus relacionamentos florescerem com mais autenticidade e reciprocidade. Afinal de contas, melhorar sua capacidade para interagir com maturidade emocional é uma contribuição importante para ter os relacionamentos que você deseja.

## Exercício: Explorando novas posturas nos relacionamentos

Vamos criar um perfil de maturidade emocional para você desenvolver. As listas a seguir apresentam como uma pessoa emocionalmente madura interage e se comporta nos relacionamentos. Preste atenção aos novos comportamentos, crenças e valores, e escolha alguns para praticar.

Treine um ou dois de cada vez e seja paciente consigo mesmo, pois alguns são mais desafiadores.

## Estar disposto a pedir ajuda

- Pedirei ajuda sempre que precisar.
- Se precisar de alguma coisa, lembrarei de que a maioria das pessoas terá prazer em ajudar, caso seja possível.
- Usaria comunicação íntima clara para pedir o que quero, explicando meus sentimentos e as razões do meu pedido.
- Terei confiança que a maioria das pessoas me ouvirá se eu pedir isso.

## Ser eu mesmo, independentemente de as pessoas me aceitarem ou não

- Quando expuser meus pensamentos claramente e sem malícia, não tentarei controlar a reação das pessoas.
- Eu não vou dar mais energia do que tenho.
- Em vez de tentar agradar, direi aos outros como de fato me sinto.
- Eu não vou me oferecer para fazer algo se achar que vou me arrepender depois.
- Se alguém disser algo que acho ofensivo, darei outro ponto de vista. Não tentarei mudar a mente da pessoa, mas não vou deixar a afirmação dela passar em branco.

## Manter e apreciar conexões emocionais

- Eu vou fazer questão de manter contato com as pessoas especiais com quem me importo e de responder a seus telefonemas e mensagens eletrônicas.
- Eu vou me considerar uma pessoa forte que merece dar e receber ajuda do meu círculo de amizades.
- Mesmo que as pessoas não digam a coisa "certa", vou focar no fato de que estão tentando me ajudar. Se o esforço delas me acalentar emocionalmente, vou expressar minha gratidão.
- Quando estiver irritado com alguém, pensarei no que quero dizer para melhorar nosso relacionamento. Vou esperar até me acalmar e, então, perguntar se a pessoa está disposta a me escutar.

## Ter expectativas razoáveis em relação a mim mesmo

- Eu vou manter em mente que nem sempre é necessário ser perfeito. Vou fazer as coisas na medida do possível, ao invés de ficar obcecado em fazer tudo com perfeição.
- Quando estiver cansado, descansarei ou farei algo diferente. Meu nível de energia física apontará quando me excedi. Não vou esperar que um acidente ou uma doença me obrigue a parar.
- Quando cometer um erro, vou me lembrar de que erros são inerentes aos seres humanos. Mesmo tendo previsto tudo, haverá resultados inesperados.
- Lembrarei de que todos são responsáveis pelos próprios sentimentos e por expressar suas necessidades claramente. Além da cortesia normal, não me cabe adivinhar o que os outros querem.

## Comunicar claramente e buscar ativamente os resultados que quero

- Eu não posso esperar que as pessoas saibam o que preciso, a menos que eu lhes diga. Importar-se comigo não significa que elas saibam automaticamente o que estou sentindo.
- Se as pessoas íntimas me perturbarem, usarei esse incômodo para identificar minha necessidade subjacente e depois usarei a comunicação íntima clara para orientar como elas poderão me dar o que quero.
- Quando ficar magoado, tentarei primeiro entender minha reação. Algo desencadeou sentimentos do meu passado ou a pessoa realmente foi insensível comigo? Se alguém foi insensível, vou pedir que me escute.
- Vou ser atencioso com as outras pessoas, mas se elas não forem atenciosas, pedirei que tenham mais consideração e irei parar de pensar nisso.
- Eu vou perguntar algo quantas vezes for preciso para obter uma resposta clara.
- Quando estiver cansado de interagir, vou perguntar polidamente se podemos continuar a conversa em outra ocasião e explicar que, nesse momento, estou sem ânimo.

Você consegue imaginar quanta energia e leveza sentiria se colocasse em prática a maioria dessas assertivas? Você será ativo e autêntico em seus relacionamentos, tratando-se bem e esperando ser ouvido pelos outros. E se livrará da solidão emocional. Mesmo que não tenha aprendido esses valores e modos de interagir quando era criança, pode desenvolvê-los agora. Ter pais emocionalmente imaturos pode ter minado sua autoaceitação, autoexpressão e esperança de manter uma intimidade genuína, mas não há nada para detê-lo agora na vida adulta.

---

# Resumo

Este capítulo abordou atributos comuns de pessoas emocionalmente maduras para te ajudar a reconhecê-las mais facilmente, assim como novas maneiras de se relacionar de modo mais satisfatório com os outros. Como já sabe o que é maturidade emocional, você não se contentará com alguém que lhe dê pouca atenção e respeito em um relacionamento. Você conseguirá buscar o que quer e ficará à vontade observando os outros até achar a pessoa certa. À medida que reflete sobre suas fortalezas emocionais e capacidade de conexão, você descobrirá que as chaves para relacionamentos mais felizes estão em seu interior.

# Epílogo

Entender o passado e mergulhar em uma nova possibilidade de futuro pode ser um processo agridoce. Iluminar os fatos passados e como eles afetaram suas escolhas pode eliminar a tristeza pelas coisas perdidas ou não vividas.

A luz tudo ilumina, não atém ao que escolhemos ver. Quando optamos por descobrir a verdade, sobre nós mesmos e nossas relações familiares, podemos nos surpreender com as revelações, especialmente sobre o caráter transgeracional das relações. Vale a pena se aprofundar nisso ou é melhor ignorar os fatos? Por fim, depende do que valorizamos na vida: Realmente damos importância a busca pela verdade e ao autoconhecimento?

Somente você pode responder a essa pergunta. Mas, segundo minha experiência e as de inúmeras pessoas, essa conscientização maior traz dádivas, a maioria das quais envolve uma conexão mais plena e profunda consigo mesmo e com o mundo. Remexer um passado difícil torna as coisas atuais mais reais e preciosas. Mas, à medida que começa a entender completamente a si mesmo e sua família pela primeira vez, é possível apreciar a vida sob uma nova perspectiva. Após resolver sua confusão e frustração com o comportamento de pessoas emocionalmente imaturas, a vida fica mais leve e mais fácil.

Tenho esperança de que este livro não só tenha lhe dado algum entendimento sobre si mesmo e seus familiares, como também alívio e liberdade para viver de acordo com seus verdadeiros pensamentos e sentimentos, ao invés de continuar preso a padrões familiares ultrapassados.

Quando vejo os rostos de pacientes que estão descobrindo seus verdadeiros sentimentos e, finalmente, reconhecendo a imaturidade emocional alheia, suas expressões refletem êxtase e paz. E não seria exagero descrever isso como uma iluminação. Nenhum deles gostaria de voltar ao antigo estado de ignorância. Com cada naco de verdade que encontram em seu interior, eles têm a sensação de estar se recompondo. Embora possam ter alguns arrependimentos, uma sensação inegável de plenitude se instala e eles sentem que a partir daí a vida está recomeçando.

E de fato está. As pessoas que resolvem se aprofundar na autodescoberta e no desenvolvimento emocional conseguem ter uma segunda vida – a qual era inimaginável enquanto continuavam enredadas em velhos papéis familiares e fantasias inviáveis. Há um recomeço real quando você adquire uma nova consciência sobre quem é e o que vem fazendo em sua vida. Conforme uma pessoa me disse, "agora sei exatamente quem sou. Os outros não vão mudar, mas eu posso mudar".

Nada o impede de ter uma vida feliz a partir de agora. É muito mais gratificante escolher ter uma vida adulta feliz do que ter uma boa vida desde o início. Estar ciente e presente no nascimento de seu novo "eu" adulto é algo incrível. Quantas pessoas conseguem estar despertas e cientes do surgimento da pessoa que sempre quiseram ser? Quantas pessoas têm duas vidas em uma só existência?

Então, diga-me, vale a pena viver duas vezes durante uma existência? Você está contente por ter escolhido o caminho de consciência? Sim? Eu também.

# Referências Bibliográficas

Ainsworth, M. Infancy in Uganda: Infant Care and the Growth of Love. Baltimore, MD: Johns Hopkins Press, 1967.

Ainsworth, M., S. Bell e D. Stayton. "Individual Differences in Strange-Situation Behaviour of One-Year-Olds". Em The Origins of Human Social Relations, editado por H. R. Schaffer. Nova York: Academic Press, 1971.

Ainsworth, M., S. Bell e D. Stayton. "Infant-Mother Attachment and Social Development: 'Socialization' as a Product of Reciprocal Responsiveness to Signals". Em The Integration of a Child into a Social World, editado por M. Richards. Nova York: Cambridge University Press, 1974.

Bowen, M. Family Therapy in Clinical Practice. Nova York: Rowman and Littlefield, 1978.

Bowlby, J. The Making and Breaking of Affectional Bonds. Nova York: Routledge, 1979.

Cloud, H. e J. Townsend. Safe People: How to Find Relationships That Are Good for You and Avoid Those That Aren't. Grand Rapids, MI: Zondervan Publishing, 1995.

Conradt, E., J. Measelle e J. Ablow. "Poverty, Problem Behavior, and Promise: Differential Susceptibility Among Infants Reared in Poverty". Psychological Science 24(3): 235-242, 2013.

Dabrowski, K. Psychoneurosis Is Not an Illness. Londres: Gryf, 1972.

Dalai Lama e P. Ekman. Consciência Emocional: Uma Conversa entre Dalai Lama e Paul Ekman. São Paulo: Editora Prumo, 2008.

Erikson, E. Childhood and Society. Nova York: W. W. Norton, 1963.

Ezriel, H. "Notes on Psychoanalytic Group Therapy: II. Interpretation and Research". Psychiatry 15(2): 119-126, 1952.

Firestone, R., L. Firestone e J. Catlett. Conquer Your Critical Inner Voice. Oakland, CA: New Harbinger, 2002.

Fonagy, P. e M. Target. "Attachment, Trauma, and Psychoanalysis: Where Psychoanalysis Meets Neuroscience". Em Mind to Mind: Infant Research, Neuroscience, and Psychoanalysis, editado por E. Jurist, A. Slade e S. Bergner. Nova York: Other Press, 2008.

Fosha, D. The Transforming Power of Affect: A Model for Accelerated Change. Nova York: Basic Books, 2000.

Fraad, H. "Toiling in the Field of Emotion". Journal of Psychohistory, 35(3): 270-286, 2008.

Gibson, L. Who You Were Meant to Be: A Guide to Finding or Recovering Your Life's Purpose. Far Hills, NJ: New Horizon Press, 2000.

Goleman, Daniel. Inteligência Emocional: A Teoria Revolucionária que Redefine o que é ser Inteligente. Rio de Janeiro: Objetiva, 1996.

Gonzales, L. Deep Survival: Who Lives, Who Dies, and Why. Nova York: W. W. Norton, 2003.

Gottman, J. The Seven Principles for Making Marriage Work. Nova York: Three Rivers Press, 1999.

Grossmann, K. E., K. Grossmann e A. Schwan. "Capturing the Wider View of Attachment: A Re-Analysis of Ainsworth's Strange Situation". Em Measuring Emotions in Infants and Children, vol. 2, editado por C. Izard e P. Read. Nova York: Cambridge University Press, 1986.

Hatfield, E., R. L. Rapson e Y. L. Le. "Emotional Contagion and Empathy". Em The Social Neuroscience of Empathy, editado por J. Decety e W. Ickes. Boston: MIT Press, 2009.

Kohut, H. Self-Psychology and the Humanities. Nova York: W. W. Norton, 1985.

Libby, E. W. The Favorite Child: How a Favorite Impacts Every Family Member for Life. Amherst, NY: Prometheus Books, 2010.

Main, M., N. Kaplan e J. Cassidy. "Security in Infancy, Childhood, and Adulthood: A Move to the Level of Representation". Em Growing Points of Attachment Theory and Research, editado por I. Bretherton e E. Waters. Monographs of the Society for Research in Child Development 50: 66-104, 1985.

McCullough, L., N. Kuhn, S. Andrews, A. Kaplan, J. Wolf e C. Hurley. Treating Affect Phobia: A Manual for Short-Term Dynamic Psychotherapy. Nova York: Guilford, 2003.

McGilchrist, I. The Master and His Emissary: The Divided Brain and the Making of the Western World. New Haven, CT: Yale University Press, 2009.

Piaget, J. A Psicologia da Inteligência. Rio de Janeiro: Editora Vozes, 2013.

Porges, S. The Polyvagal Theory: Neurophysiological Foundations of Emotions, Attachment, Communication, and Self-Regulation. Nova York: W. W. Norton, 2011.

Siebert, A. The Survivor Personality. Nova York: Penguin Putnam, 1996.

Siegel, D. "Emotion as Integration". Em The Healing Power of Emotion: Affective Neuroscience, Development, and Clinical Practice, editado por D. Fosha, D. Siegel e M. Solomon. Nova York: W. W. Norton, 2009.

Spock, B. Baby and Child Care: Completely Updated and Revised for Today's Parents. Nova York: Simon and Schuster, 1978. (A obra original, Meu filho, meu tesouro, foi lançada em 1946).

Tronick, E., L. B. Adamson e T. B. Brazelton. "Infant Emotions in Normal and Perturbed Interactions". Trabalho apresentado na reunião bienal da Society for Research in Child Development, Denver, CO, abril de 1975.

Vaillant, G. "Adaptive Mental Mechanisms: Their Role in a Positive Psychology". American Psychologist 55(1): 89-98, 2000.

White, M. Maps of Narrative Practice. Nova York: W. W. Norton, 2007.

Winnicott, Donald Woods. O Brincar e a Realidade. São Paulo: Ubu Editora, 2019.

Young, J. e J. Klosko. Reinventing Your Life: How to Break Free from Negative Life Patterns. Nova York: Dutton, 1993.

# Anexos

# Exercícios citados ao longo dos capítulos

## **Exercício: Avalie a Imaturidade Emocional de seus Pais**

Há muito tempo a imaturidade emocional humana é alvo de estudos. No entanto, passou a perder terreno para um foco crescente em sintomas e diagnose clínica, que usa um modelo médico para enquadrar comportamentos como doenças que deem direito a reembolso do seguro. Mas, para ter um entendimento profundo sobre as pessoas, avaliar a imaturidade emocional frequentemente é bem mais útil, conforme você descobrirá quando fizer esse exercício. Leia as afirmações a seguir e assinale as que descrevem seu pai ou sua mãe.

- Meu pai ou minha mãe, frequentemente, reagia com exagero a coisas banais.
- Meu pai ou minha mãe não expressava muita empatia ou consciência emocional.
- Quando se tratava de proximidade emocional e sentimentos, meu pai ou minha mãe parecia incomodado e escapava.
- Com frequência, meu pai ou minha mãe se irritava com diferenças individuais ou pontos de vista divergentes dos seus.
- Enquanto crescia, meu pai ou minha mãe me usava como confidente, mas não era um confidente para mim.
- Meu pai ou minha mãe, frequentemente, falava e agia sem pensar nos sentimentos alheios.
- Meu pai ou minha mãe não me dava muita atenção nem me tratava com simpatia, exceto quando eu estava muito doente.
- Meu pai ou minha mãe era inconstante – às vezes sábio, às vezes irracional.
- Se eu perdia a calma, meu pai ou minha mãe dizia algo superficial e inútil ou ficava bravo e sarcástico.
- As conversas giravam principalmente em torno dos interesses do meu pai ou da minha mãe.
- Até uma leve discórdia podia deixar meu pai ou minha mãe muito defensivo.
- Era humilhante contar meus êxitos ao meu pai ou minha mãe, pois eles pareciam não se importar.
- Fatos e lógica eram ausentes nas opiniões do meu pai ou minha mãe.

- Meu pai ou minha mãe não fazia autorreflexão e raramente admitia sua parcela de culpa em um problema.
- Meu pai ou minha mãe tendia a pensar em preto e branco e rechaçava novas ideias.

Quantas dessas afirmações descrevem seu pai ou sua mãe? Como todos esses itens são potenciais sinais de imaturidade emocional, assinalar mais de um indica que seu pai ou sua mãe era emocionalmente imaturo.

## Exercício: Avalie as Dificuldades em sua Infância com um Pai ou Mãe Emocionalmente Imaturo

A imaturidade emocional fica mais evidente nos relacionamentos, e seus impactos são especialmente profundos entre pais e filhos. Leia as afirmações a seguir, que delineiam algumas das dificuldades mais dolorosas que pais emocionalmente imaturos causam para os filhos, e assinale todas que refletem sua experiência na infância.

- Eu não me sentia ouvido; raramente recebia a atenção plena do meu pai ou da minha mãe.
- As mudanças de humor do meu pai ou da minha mãe afetavam toda a família.
- Meu pai ou minha mãe era insensível aos meus sentimentos.
- Eu sentia que não sabia o que meu pai ou minha mãe queria, a menos que ele ou ela explicasse.
- Eu sentia que nunca conseguia deixar meu pai ou mãe suficientemente feliz.
- Eu me empenhava mais para entender meu pai ou minha mãe do que eles tentavam me entender.
- Ter uma comunicação sincera e aberta com meu pai ou minha mãe era difícil ou impossível.
- Meu pai ou minha mãe achava que as pessoas deviam apenas desempenhar e se ater a seus papéis.
- Meu pai ou minha mãe, frequentemente, invadia ou desrespeitava minha privacidade.
- Eu sempre senti que meu pai ou minha mãe me achava sensível e emotivo demais.

- Meu pai ou minha mãe dava mais atenção aos filhos favoritos.
- Meu pai ou minha mãe parava de ouvir quando não gostava do que estava sendo dito.
- Frequentemente, sentia-me culpado, burro, mau ou envergonhado quando estava com meu pai ou minha mãe.
- Meu pai ou minha mãe, raramente, pedia desculpas ou tentava melhorar a situação quando havia um problema entre nós.
- Frequentemente, sentia raiva de meu pai ou de minha mãe, mas não podia expressá-la.

Cada uma dessas afirmações está ligada a características descritas no Capítulo 3 de Filhos Adultos de Pais Emocionalmente Imaturos. Seu pai ou sua mãe talvez não tenha todas as características que descrevo, mas assinalar mais de um item indica algum nível de imaturidade emocional.

## Exercício: Identifique o Tipo do seu Pai ou Mãe

Para avaliar em qual desses quatro tipos seu pai ou sua mãe se encaixa, leia as listas a seguir e assinale as características que você associa a ele ou ela, tendo em mente que pais de qualquer tipo podem exibir traços dos outros tipos quando estão muito estressados. Características de imaturidade emocional comuns em todos os tipos incluem egocentrismo, pouca empatia, desrespeito por limites, resistência à intimidade emocional, comunicação ruim, falta de autorreflexão, recusa para sanar problemas de relacionamento, reatividade emocional, impulsividade e problemas para manter a proximidade emocional. (No final do exercício, há uma tabela que resume essas características.)

## Pai ou Mãe Dramaticamente Emotivo

- É egocêntrico.
- Tem pouca empatia.
- É enredado e não respeita limites.
- É defensivamente fechado.
- Não mantém comunicação recíproca; só fala sobre si mesmo.

- Não faz autorreflexão.
- É inábil para restaurar os relacionamentos.
- É reativo e leviano.
- É demasiado próximo ou distante.
- Explode ou rompe com os outros.
- Sua intensidade emocional é apavorante ou intimidante.
- Espera que os filhos o confortem, mas não pensa nas necessidades deles.
- Gosta de fingir que não comanda a situação.
- Considera-se uma vítima.

## Pai ou Mãe Compulsivo

- É egocêntrico.
- Tem pouca empatia.
- É enredado e não respeita limites.
- É defensivamente fechado.
- Não mantém comunicação recíproca; só fala sobre si mesmo.
- Não faz autorreflexão.
- É inábil para restaurar relacionamentos.
- É reativo e leviano.
- É demasiado próximo ou distante.
- Tem valores rígidos e expectativas perfeccionistas.
- É obcecado com metas, ocupado e tem visão estreita sobre tudo.
- Vê o filho ou filha como um reflexo, sem considerar o que a criança quer.
- Gosta de estar no comando de tudo.
- Considera-se alguém que resolve tudo e faz as coisas acontecerem.

## Pai ou Mãe Passivo

- É egocêntrico.
- Tem empatia limitada.
- É enredado e não respeita limites.
- Às vezes, pode ser íntimo emocionalmente.

- Mantém o mínimo de comunicação recíproca; fala principalmente sobre si mesmo.
- Não faz autorreflexão.
- Tem capacidade limitada para restaurar os relacionamentos.
- Ocasionalmente, pode ser atencioso.
- É demasiado próximo ou distante.
- Pode ser gentil e divertido, mas não é protetor.
- Tem uma postura displicente de que tudo está bem.
- É afetuoso com a criança, mas não se posiciona a favor dela.
- Prefere que outra pessoa comande a situação, ou seja, a vilã.
- Considera-se jovial e bondoso.

## Pai ou Mãe Rejeitador

- É egocêntrico.
- Não demonstra empatia.
- Tem limites impenetráveis.
- Parece desligado e hostil.
- Raramente se comunica.
- Não faz autorreflexão.
- É incapaz de restaurar os relacionamentos.
- É reativo, agressivo e aviltante.
- É demasiado distante.
- Ignora ou se enfurece com os filhos.
- Com frequência, é rejeitador e colérico.
- Acha a criança uma amolação e não quer proximidade com ela.
- Gosta de ridicularizar e desprezar.
- Considera-se independente dos outros.

| Emotivo | Compulsivo | Passivo | Rejeitador |
|---|---|---|---|
| Egocêntrico | Egocêntrico | Egocêntrico | Egocêntrico |
| Pouca empatia | Pouca empatia | Empatia limitada | Sem empatia |
| Enredado e não respeita limites | Enredado e não respeita limites | Enredado e não respeita limites | Limites impenetráveis |
| Mantém distância defensiva | Mantém distância defensiva | Intimidade emocional esporádica | Desligado, hostil |
| A comunicação não é recíproca | A comunicação não é recíproca | Mínima comunicação recíproca | Raramente se comunica |
| Não faz autorreflexão | Não faz autorreflexão | Não faz autorreflexão | Não faz autorreflexão |
| Restaura mal os relacionamentos | Restaura mal os relacionamentos | Restaura mal os relacionamentos | Não restaura os relacionamentos |
| Reativo e leviano | Reativo e leviano | Às vezes, é atencioso | Reativo, agressivo, aviltante |
| Demasiado próximo ou distante | Demasiado próximo ou distante | Demasiado próximo ou distante | Demasiado distante |
| Explode ou rompe com você | Valores rígidos, perfeccionista | Gentil e divertido, mas não é protetor | Ignora ou se enfurece |
| Intensidade emocional apavorante, intimidante | Obcecado por metas e ocupado, tem visão estreita sobre tudo | Displicente; "Tudo está bem." | Rejeitador, colérico |
| "Você é meu calmante." ("Não me peça para pensar em suas necessidades.") | "Você é meu reflexo." ("Não me peça para considerar o que você quer.") | "Você é meu queridinho." ("Não peça para eu me posicionar a seu favor".) | "Você é uma amolação." ("Fique longe de mim.") |
| Gosta de fingir que não comanda a situação | Gosta de comandar a situação | Gosta que outra pessoa comande a situação e seja a vilã | Gosta de ridicularizar e desprezar |
| Considera-se uma vítima | Considera-se competente em tudo | Considera-se jovial | Considera-se independente |

# Exercício: Identifique seu Estilo de Enfrentamento

Esse exercício o ajudará a identificar se tende mais a ser internalizador ou externalizador. Usando as listas de verificação, você pode avaliar outras pessoas e ver qual estilo de enfrentamento parece caracterizá-las. É uma boa ideia imprimir a tabela que resume esses traços e mantê-la em mãos para detectar rapidamente os estilos de enfrentamento alheios.

Note que os atributos citados a seguir se encontram nas pontas opostas do espectro, acentuando as diferenças básicas de como esses dois tipos lidam com os desafios na vida. É importante frisar que na realidade as pessoas se encontram em algum ponto de uma sequência contínua relativa a esses traços. Mesmo assim, a maioria das pessoas pende mais para um tipo do que para o outro.

## Características do Externalizador

### Abordagem em Relação à Vida

- Vive no aqui e agora e não considera as consequências.
- Acha que as soluções vêm de fora.
- Espera que os outros melhorem as coisas: "O que a outra pessoa deveria fazer para melhorar a situação?".
- Age imediatamente e pensa depois.
- Subestima as dificuldades.

### Reação a Problemas

- Reage a qualquer coisa que esteja acontecendo.
- Acha que os problemas são causados pelos outros.
- Culpa as circunstâncias.
- Envolve os outros em seus problemas.
- Nega ou foge da realidade para se sentir melhor.

### Estilo Psicológico

- É impulsivo e egoísta.

- Acha que as emoções têm vida própria.
- Explode facilmente.
- Não tem interesse pelo universo psicológico.

### Estilo de Relacionamento

- Espera que os outros o ajudem.
- Acha que os outros deveriam mudar para melhorar a situação.
- Espera que os outros o escutem e tende a fazer monólogos.
- Exige que os outros parem de "importuná-lo".

## Características do Internalizador

### Abordagem em Relação à Vida

- Preocupa-se com o futuro.
- Acha que as soluções vêm de dentro.
- É atencioso e empático: "O que eu posso fazer para melhorar as coisas?".
- Pensa sobre o que poderá acontecer.
- Superestima as dificuldades.

### Reação a Problemas

- Tenta descobrir o que está acontecendo.
- Reflete sobre seu papel na criação de um problema: "O que eu fiz para causar isso?".
- Faz autorreflexão e assume a responsabilidade.
- Resolve problemas independentemente e se esforça para eliminá-los.
- Lida com a realidade como ela é e está disposto a mudar.

### Estilo Psicológico

- Pensa antes de agir.
- Acredita que as emoções podem ser administradas.
- Sente-se culpado facilmente.
- Tem fascínio pelo universo psicológico.

## Estilo de Relacionamento

- Pensa primeiro no que os outros precisam.
- Considera mudar a si mesmo para melhorar a situação.
- Chama as pessoas para dialogarem sobre um problema.
- Quer ajudar os outros a entenderem por que há um problema.

| Externalizador | Internalizador |
|---|---|
| **Abordagem em Relação à Vida** | |
| Vive só o aqui e agora. | Pensa no futuro. |
| Acha que as soluções vêm de fora. | Acha que o início das soluções é interno. |
| "Alguém deveria fazer alguma coisa." | "Como eu posso melhorar as coisas?" |
| Age imediatamente e pensa depois. | Pensa no que poderá acontecer. |
| Subestima as dificuldades. | Superestima as dificuldades. |
| **Reação a Problemas** | |
| Reage ao que está acontecendo. | Tenta descobrir o que está acontecendo. |
| "A culpa é da outra pessoa." | "Como contribuí para esse problema?" |
| Culpa as circunstâncias. | Faz autorreflexão e assume responsabilidade. |
| Envolve outra pessoa. | Esmiúça um problema e tenta resolvê-lo. |
| Nega ou foge da realidade para se sentir melhor. | Encara realidades dolorosas. |
| **Estilo Psicológico** | |
| "Segue seus impulsos." | "Pensa antes de agir." |
| Acha que as emoções têm vida própria. | Acha que as emoções podem ser administradas. |
| Perde a calma facilmente. | Sente-se culpado facilmente. |
| Não se interessa pelo universo psicológico. | Tem fascínio pelo universo psicológico. |

| Externalizador | Internalizador |
|---|---|
| Estilo de Relacionamento | |
| "Alguém tem que me ajudar." | "Pensa primeiro no que os outros precisam." |
| "Você deve mudar para me fazer feliz." | "Talvez eu deva mudar." |
| "Escute-me." | "Vamos conversar sobre isso." |
| "Para de me importunar." | "Eu quero entendê-lo." |

## Exercício: Avalie a Maturidade Emocional de Outras Pessoas

A lista de verificação a seguir resume todas as características de pessoas emocionalmente maduras abordadas no Capítulo 10 de *Filhos Adultos de Pais Emocionalmente Imaturos*. Ele pode ser usado para determinar se uma pessoa poderá lhe proporcionar o tipo de relacionamento desejado.

### Realistas e Confiáveis

- Elas encaram a realidade, em vez de lutar contra ela.
- Elas conseguem sentir e pensar ao mesmo tempo.
- Sua constância as torna confiáveis.
- Elas não levam tudo para o lado pessoal.

### Respeitosas e Mantêm Reciprocidade

- Elas respeitam seus limites.
- Elas retribuem.
- Elas são flexíveis e se comprometem bem.
- Elas são equilibradas.
- Elas estão dispostas a ser influenciadas.
- Elas são verdadeiras.
- Elas pedem desculpas e reparam seus erros.

### Responsivas

- A empatia delas lhe transmite segurança.

- Elas fazem você se sentir enxergado e compreendido.
- Elas gostam de confortar e ser confortadas.
- Elas refletem sobre suas ações e tentam mudar.
- Elas riem bastante e são brincalhonas.
- É agradável estar com elas.

Quanto mais uma pessoa tiver essas qualidades, maior é a probabilidade de que vocês dois possam estabelecer uma ligação genuína e satisfatória.

**Impressão e Acabamento | Gráfica Viena**
Todo papel desta obra possui certificação FSC® do fabricante.
Produzido conforme melhores práticas de gestão ambiental (ISO 14001)
www.graficaviena.com.br